실패 없는 ——
웹소설 작법서

| 만든 사람들 |
기획 실용기획부 | **진행** 양종엽 | **집필** 윤재 | **편집·표지디자인** 원은영

| 책 내용 문의 |
도서 내용에 대해 궁금한 사항이 있으시면
저자의 홈페이지나 아이생각 홈페이지의 게시판을 통해서 해결하실 수 있습니다.
아이생각 홈페이지 www.ithinkbook.co.kr
아이생각 페이스북 facebook.com/ithinkbook
디지털북스 인스타그램 instagram.com/dji_books_design_studio
디지털북스 유튜브 유튜브에서 [디지털북스] 검색
디지털북스 이메일 djibooks@naver.com
저자 이메일 writeryj233@gmail.com

| 각종 문의 |
영업관련 dji_digitalbooks@naver.com
기획관련 djibooks@naver.com
전화번호 (02) 447-3157~8

데뷔부터 전업까지

실패 없는
웹소설
작법서

| 윤재 저 |

 i THINK
아이생각

목차

글을 시작하며

어릴 적부터 작가가 되는 게 꿈이었습니다. 그렇지만 현실을 살다보니 어느덧 그 꿈에서 멀어져 가는 제 모습을 발견할 수 있었습니다. 놀랍게도, 그런 제가 어른이 된 이후 소설을 쓰게 된 계기는 지극히 현실적인 이유에서였습니다.

'돈을 벌기 위해.'

소설을 써서 먹고 사는 게 가능한지 따질 여유도 없이 뛰어 들었고, 결과적으로 전업 작가가 되어 이 책을 집필하게 되었습니다.

웹소설을 쓰면 성공할 수 있다는 말을 듣고 이 시장에 관심을 갖게 된 사람이 많을 거라고 생각합니다. 그 중 작가를 꿈꾸는 당신은 지금쯤 이 책을 집어 들고 머리말부터 읽고 있을지도 모르고요.

소설을 쓰는 건 결코 만만한 일이 아닙니다. 하나의 세계를 창조하고, 그 세상이 누군가에게 기쁨을 주는 동시에 인정받는 건 정말 어려운 일입니다.

하지만 각오만 되어 있다면 아예 불가능한 일도 아닙니다.

이 책은 웹소설 작가가 되는 것을 넘어 **소설로 상업적 성공을 거두고 싶은 사람들을 위해 쓰였습니다.** 아직 한 번도 웹소설을 써본 적 없는 사람부터, 이미 몇 권의 책을 출간했지만 갈피를 잡지 못하는 사람까지, 글을 쓰다 보면 한 번쯤은 접할 수 있는 어려움이나 막막함을 해소하는 데 도움이 되고자 한 게 책을 쓰게 된 계기입니다. 제가 막 작가가 되었을 때 정말로 막막했고, 정보를 얻을 곳도 많지 않았거든요. 저는 이 책에서 그간 제가 작가 생활을 하면서 얻어온 팁, 소설을 쓰는 방법과 출간까지의 절차, 그리고 평범한 회사원 연봉 이상의 수익을 벌어들인 노하우에 관해 이야기 할 예정입니다.

다 같이 성공한 웹소설 작가가 되는 그 날까지, 파이팅입니다.

PART I
웹소설을 시작하기에 앞서

웹소설을 시작하기에 앞서

"

소설을 시작한다는 것은 하나의 막을 여는 것과 같습니다. 그런데 당장 빈 화면을 들여다보고 있으면 어딘가 막막합니다. 본격적으로 소설을 쓰기 이전에 잠시 생각해 봅시다. 나는 웹소설에 관하여 얼마나 알고 있나요? 그리고 내가 이 소설을 쓰는 목적은 무엇인가요? 이번 장에서는 웹소설이란 무엇인지 알아보는 것과 더불어, 소설을 쓰기에 앞서 고려해야 할 것에 관하여 다루도록 하겠습니다.

01 웹소설이란?

웹소설은 말 그대로 웹에서 연재 형식으로 제공되는 소설들을 통틀어 지칭하는 단어입니다. 무료, 혹은 유료로 연재될 수 있으며, 완결이 나면 e-book 단행본으로 출간되어 인터넷 서점에서 판매됩니다. 이후 인기가 있으면 종이책으로도 출간되는 편입니다.

일반 소설과는 약간 결이 다른데, 흔히 문학 하면 떠올리는 작품성이나 예술성, 작가의 메시지보다는 오직 읽는 이의 '재미'에 소설의 가치가 치중되어 있다는 점이 특징입니다. 즉, 웹소설은 모로 가든 도로 가든 '재미'만 있으면 됩니다. 재미있는 소설은 말 그대로 끝도 없는 성공가도를 달릴 수 있습니다. 그렇다면 웹소설을 써서 성공하고 싶은 우리가 해야 할 일은 뭘까요? 아주 명확하죠.

바로 '재미있는 소설을 쓰는 것'입니다.

당연한 소리 같지만 웹소설 작가라면 항상 유념해야 하는 사실입니다. 연재가 길어질수록 초반과 같은 호흡으로 재미있게 글을 쓰기가 어려워지거든요. 작가의 메시지, 멋들어진 세계관, 뛰어난 작품성, 다 좋습니다. **하지만 그 모든 요소가 결코 재미를 앞질러선 안 됩니다.**

웹소설은 연재 형식이기 때문에 독자는 소설을 한 회차씩 읽게 됩니다. 심지어 단행본을 구매하더라도 분량에 맞춰 분권되어 있기 때문에 한 권씩 사서 읽을 수 있습니다. 이 말인 즉, 독자가 흥미를 잃으면 언제든 이탈할 수 있는 환경이란 뜻입니다. 소설이 초심을 잃고 재미가 덜해지면 독자들은 뒤도 돌아보지 않고 자연스럽게 하차하게 됩니다. 혹은, 초반 부분이 흥미가 덜하다면(후반부로 갈수록 내용이 흥미진진해지더라도) 작품 읽는 것을 시작조차 하지 않습니다. **따라서, 독자들이 소설을 이탈하는 것을 방지하고 끊임없이 재밌게 글을 쓰는 것이야 말로 필력이자 웹소설 작가의 실력이라고 할 수 있습니다.**

📝 02 웹소설의 특징

웹소설을 쓰려면 우선 웹소설이 어떤 특징을 가졌는지 알아야겠죠? 웹소설의 특징을 열거하자면 끝이 없지만, 모든 장르를 통틀어 가장 대표적인 특징은 다음과 같습니다.

1) 흥미 위주의 글

앞서 언급했듯 웹소설 시장에서 '현실성이 있는가?' 또는 '교훈적인가?' 이와 같은 질문은 중요치 않습니다. 말도 안 되는 판타지라도 재밌으면 그만이고, 한 회 차 회 차가 막장 중의 막장이라도 다음 화가 기다려지고 독자가 중간에 놓을 수 없다면 성공한 소설입니다. **즉, 글을 끝까지 보게 만드는 게 실력이자 상업성인 시장입니다.** 그렇지만 상업 소설이라고 해서 만만히 보면 안 됩니다. 웹소설을 가볍게 본다면 은연중에 이런 생각을 하기 쉽습니다.

내가 저 사람보다 글을 잘 쓰는데 왜 내 소설은 왜 덜 팔리지? ⋯ 내 소설이 그 소설보다 독자들의 재미를 충족시키는 게 덜하기 때문입니다.

저 정도는 나도 쓰겠다. ⋯ 아마 직접 써 본다면 생각이 조금 달라질 것입니다. 가벼운 문체로 쉽게 쓰인 것 같아도 매 회 차 재미를 보장하는 건 생각보다 쉽지 않습니다. 물론, 이렇게 직접 쓰는 게 낫겠다고 생각해서 시장에 뛰어든 다음 대박을 터뜨리는 경우도 없진 않습니다. 만일 본인이 그런 경우에 해당한다면 축하해야 할 일입니다. 웹소설을 쓰는 데 아주 뛰어난 자질을 가진 겁니다.

간혹 재미에 치중된 글이다 보니 가볍고 진중하지 못하다고 해서 글의 수준을 낮게 보는 사람들도 더러 있습니다. 그렇지만, 글의 객관적인 수준이 존재하는가를 논하기 이전에 잘 팔리면 그만입니다. 내 글이 수준 떨어진다는 소리를 들어도 **잘 팔 수만 있다면 나는 상업적으로 재능이 있는 겁니다.** 독자가 원하는 바를 아주 정확히 꿰뚫어보고 있다는 뜻이니까요.

2) 모바일 위주로 형성된 시장

사람들은 언제 웹소설을 읽을까요? 대개 출근, 혹은 퇴근하면서, 아니면 자기 전이나 주말에 침대에 누워서 읽습니다. 간혹 PC나 e-book 리더기로 책을 보는 사람도 있지만 대부분은 모바일 기기로 웹소설을 읽게 됩니다. 즉, 모바일 환경 위주로 형성된 시장이기 때문에 그에 맞춰 글을 쓰는 게 중요합니다. 내가 쓴 소설을 txt 파일로 만들어서 모바일에 불러와 봅시다. 혹시 글자가 엄청 **빽빽**하게, 끊임없이 이어지진 않나요? 모바일은 가로 폭이

사람들은 언제 웹소설을 읽을까요? 대개 출근, 혹은 퇴근하면서, 아니면 자기 전이나 주말에 침대에 누워서 읽습니다. 간혹 PC나 e-book 리더기로 책을 보는 사람도 있지만 대부분은 모바일 기기로 웹소설을 읽게 됩니다. 즉, 모바일 환경 위주로 형성된 시장이기 때문에 그에 맞춰 글을 쓰는 게 중요합니다. 내가 쓴 소설을 txt 파일로 만들어서 모바일에 불러와 봅시다.

모바일 환경에서는 문장과 문단이 조금만 길어져도 가독성이 심각하게 저해됩니다. 따라서 문장을 쓰고 문단을 나눌 때는 가독성을 반드시 고려해야 합니다.

좁기 때문에 세 문장만 붙어 있어도 답답해 보이고 가독성이 떨어집니다. **따라서 웹소설을 쓸 때는 읽는 이의 가독성도 고려해서 문단과 문장을 적절히 배열하는 것이 아주 중요합니다.**

3) 확실한 장르 구분

흔히 '장르 문법을 따른다'고들 합니다. 웹소설은 장르가 세분된 것과 더불어 각 장르의 수요층이 확실합니다. 그래서 **소설을 쓰기 전에 장르 특유의 문법을 익히는 것이 중요합니다.** 그리고 이 장르 문법은 독자들의 요구와 직결되기도 하고요. 사람들은 왜 로맨스 소설을 볼까요? 당연히 등장인물들이 연애하는 이야기를 보고 싶어서입니다. 주인공이 연애는커녕 계속 사건만 해결하거나 아니면 연애물에서 흔히 기대하는 욕구가 충족되지 않는다면 곤란할 것입니다. 가령, 둘의 연애가 장렬히 망하거나, 여자 주인공이 바람을 피우다가 새 살림을 차린다거나 하면 대부분의 독자들은 내용을 납득하지 못하겠죠. 현대판타지도 마찬가지입니다. 현대판타지는 사건을 해결해가는 맛, 혹은 주인공이 가진 특별한 능력을 통해 소위 '사이다'를 선사하는 맛으로 봅니다. 그런데 주인공이 하라는 사건 해결은 안하고 연애만 하거나 무능력해서 아무런 쾌감도 주지 못한다면 정말 재미없는 판타지물이 될 것입니다. 아무리 완벽한 연애 서사를 그린다 해도 그 작품은 현대판타지로서는 상업성이 떨어진다는 평가를 받게 되는 겁니다. 그러므로 글을 쓰기 전에 내가 무슨 장르를 쓰고자 하는지, 그리고 해당 장르에서는 어떤 문법이 주로 활용되는지 조사하고 공부해야 합니다.

✏️ 03 웹소설의 수익 창출 구조

아마 처음 웹소설을 쓰게 되면 아는 것도, 이룬 것도 없는 신인이기 때문에 허허벌판에 덩그러니 놓인 기분을 느끼게 될 것입니다. 혹은, 꿈에 부풀어 연재하면서 대박이 난 자신의 모습을 상상할 수도 있겠죠. 대박 신인은 분명 존재합니다. 하지만 대부분의 신인들은 웹소설 시장에 관해 잘 모르고, 글을 끝까지 완성해본 경험이 적기 때문에 한 번에 성공하기 어려운 것도 사실입니다. 누구나 쉽게 웹소설로 성공해서 돈을 벌 수 있다면 제가 굳이 이 책을 집필하지도 않았을 겁니다. 책을 출간하는 데 의의를 두는 것을 넘어 성공하고 싶다면, 시장에 대한 이해가 동반되어야 합니다.

소설을 재미있게 쓰는 게 가장 중요하지만, 엄연히 상업 시장이기 때문에 어떻게 수익이 창출되는지 아는 것 또한 중요합니다. 그러니, 소설 작법에 관해 이야기하기에 앞서 잠깐 수익 창출 구조에 관해 먼저 이야기 해드릴까 합니다.

웹소설을 써서 통장에 돈이 들어오기까지에는 몇 가지 루트가 있는데, 간략히 설명하자면 다음과 같습니다.

❶ 무료 연재 ⋯ 출판사와 계약에 성공 ⋯ 퇴고 및 원고 검수 ⋯ 유료 연재 혹은 단행본 출간 ⋯ 수익 발생

❷ 공모전 입상 혹은 투고 ⋯ 출판사와 계약에 성공 ⋯ 퇴고 및 원고 검수 ⋯ 유료 연재 혹은 단행본 출간 ⋯ 수익 발생

❸ 문피아[1]에서 무료로 연재하다가 인기를 얻은 뒤 유료 전환 ⋯ 수익 발생

❹ 조아라[2] 등의 연재 플랫폼에서 바로 유료 연재 시작 ⋯ 수익 발생

과정만 보면 ❹가 단순하고 쉬워 보이지만, 각 수익 구조는 장단점이 있기 때문에 본인이 어떤 장르를 연재하느냐에 따라 선택이 달라집니다. 이를테

---

1 판타지 및 현대판타지, 무협, 스포츠물 등 남성향 소설이 강세인 소설 연재처입니다. 남성향 웹소설을 연재하게 된다면 보통 이곳에서 시작하게 됩니다.

2 남성향, 여성향 가리지 않고 다양한 소설이 연재되는 연재처입니다. 이 책을 집필하는 현재 시점 (2021년 11월)에는 여성향이 조금씩 더 강세가 되어가고 있습니다. 1차 창작 이외에도 각종 애니메이션이나 만화, 소설, 영화 등의 2차 창작도 활발히 이루어지고 있습니다.

면, 벌어들일 수 있는 금액부터 크게 차이가 납니다. ❶과 ❸은 대박이 나면 한계를 모르고 돈을 벌어들일 수 있지만, ❹는 둘에 비해 상대적으로 수익이 적은 편입니다. 아무래도 웹소설은 초반에 무료 회차로 읽던 독자들이 전개와 결말을 궁금해 하면서 유료 결제를 하는 편인데, 시작부터 유료로 연재되면 잘 모르는 소설에 선뜻 지갑을 열지 않기 때문입니다.

물론, 위의 상황이 언제나 꼭 들어맞는 건 아닙니다. 작품도 작품 나름이기 때문에 무료로 연재하다가 유료 연재를 시작했는데 반응이 처참해 수익이 거의 나지 않을 수도 있습니다. 무료 연재를 완결하고 바로 단행본을 내든, 유료 연재까지 끝마치고 단행본을 내든, 인기가 없다면 소설이 벌어다 줄 수 있는 수익의 바닥 또한 없습니다. 재수 없으면 몇 개월에서 몇 년 붙잡고 있던 소설의 수익이 0원이 될 수도 있다는 뜻입니다.

이렇듯 웹소설을 써서 생계를 유지하는 건 결코 쉽지 않습니다. 이 글을 읽고 있는 여러분은 굉장히 어려운 일에 도전할 결심을 하신 겁니다. 그러니 몇 번의 좌절이 있더라도 포기하지 마시길 바랍니다.

웹소설로 수익을 창출하는 건 원래 힘듭니다. 정말 어렵습니다. 잘 안 되는 게 당연합니다.

그렇다면 어떤 루트를 통해 소설을 연재하는 것이 가장 좋을까요? 다음 표를 통해 웹소설 플랫폼 별 수익 구조를 살펴보도록 하겠습니다.

웹소설 수익 구조 비교

	무료 연재 후 유료 연재		무료 연재 없이 유료 연재	
	❶ 무료 연재 후 출판사와 계약 후 플랫폼 이동	**❷ 문피아에서 무료 연재 후 유료 전환**	**❸ 미공개 원고 유료 출간**	**❹ 자유 연재처에서 유료 연재로 시작**
특징	- 주로 여성향, 조아라와 네이버에서 연재되는 소설들이 선택하는 루트 - 로맨스 판타지, BL이 특히 강세	- 주로 남성향 소설들이 선택하는 루트 - 유료 전환 이후 다른 플랫폼에도 소설을 론칭하기 위해 매니지먼트와 계약하는 경우도 있음	- 특정 장르(ex. 19금 현대 로맨스)는 투고 위주로 출간되는 시장이 형성되어 있음	- 주로 초반부터 독자를 끌어모을 수 있는 19금이 대세 - 대표적으로 조아라 노블레스(성인 연재란)이 있음
장점	- 무료 회차를 통해 유입된 독자들이 쉽게 팬덤 형성 - 안정적으로 유료화 성공 시 많은 수익을 얻을 수 있음 - 실시간으로 연재할 경우 독자들의 반응을 통해 연재 원동력을 얻기도 함	- 무료 회차를 통해 유입된 독자들이 쉽게 팬덤 형성 - 문피아는 사이트 규모가 크고 독자들이 많음 - 안정적으로 유료화 성공 시 많은 수익은 물론, 타 플랫폼에도 론칭 가능(필수는 아니고 선택 사항)	- 각종 연재로 인한 스트레스를 받지 않아도 됨(ex. 악플, 작품 성적 걱정) - 출간 일정을 비교적 자율적으로 정할 수 있으며 퇴고나 원고 작성에 공을 들일 수 있음	- 바로 유료화 하기 때문에 수익이 통장에 들어오는 속도가 가장 빠름 - 별도의 계약 과정이나 유료화를 위한 조건이 필요하지 않음
단점	- 무료 연재 기간 동안 수익 없음 - 연재처 이동으로 인해 독자 이탈 발생 - 유료화 이후 인기가 없으면 작품 완결까지 극히 적은 수익이 발생함	- 무료 연재 기간 동안 수익 없음 - 경쟁하는 작품이 많다 보니 내 작품이 소리소문 없이 묻힐 수 있음 - 유료화 이후 인기가 없으면 작품 완결까지 극히 적은 수익이 발생함	- 투고에 실패하면 아예 기회가 없기 때문에 신인에게는 어려운 방법 - 연재하면서 독자들의 피드백을 통해 활력을 얻는 타입인 경우 글을 쓸 때 불안하거나 외로울 수 있음	- 초반 후킹이 없거나 자극적인 소재가 아니면 수익 창출 자체가 어려울 수 있음 - 기존의 팬덤이 없으면 시작이 어려울 수 있음 - 아무리 흥행해도 다른 루트보다 얻는 수익이 적을 수 있음(연재처 순수익 기준. 유료 연재에서 흥행한 작품이 단행본으로 출간될 경우 고수익을 올리기도 함)

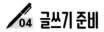

04 글쓰기 준비

1) 목표 세우기

대략 웹소설이 어떤 것인지, 그리고 웹소설로 어떻게 수익을 내는지 살펴보았습니다. 본격적으로 글을 쓰기에 앞서 한 가지 확실히 해야 할 것은, **'과연 나는 웹소설을 써서 무엇을 이루고 싶은가'** 입니다. 이 책을 읽고 있는 여러분들 또한 단순히 웹 소설을 쓰고 싶다는 것 이외에도 저마다 다른 꿈을 품고 있을 것입니다. 그만큼 글을 쓰는 목적, 웹소설 작가가 되어 이루고 싶은 목표는 각기 다르기 때문에 무엇이 바람직하다고 특정할 수 없습니다.

하지만 한 가지 분명한 것은, 목표가 불분명한 채로 글을 쓰기 시작하면 금방 의욕과 탄력을 잃게 된다는 사실입니다. 웹소설은 하루아침에 쓸 수 없습니다. 작가의 여정은 길고, 그 긴 시간 동안 인내하기 위해서는 흔들림과 피로, 현실의 압박 등을 이겨내고 묵묵히 걸어나갈 수 있을 만한 굳건한 목표가 필요합니다.

글쓰기에 앞서, 다음 문장의 빈칸에 들어갈 말을 생각해봅시다.

아랫줄에는 다양한 수식어가 들어갈 수 있습니다. 가령, '돈을 잘 버는', '인기 있는', '오래 살아남는' 등등. 흔히 인기 작가가 되면 돈과 인기는 자연히 따라올 거라 생각하지만, 의외로 반드시 그렇지만은 않습니다. 무료 연재를 할 당시에는 인기가 있다가 상업 시장에 나가면 팔리지 않는 경우도 있고, 반대로 연재 당시 선풍적인 인기는 끌지 못했어도 고정 독자층이 튼튼해 계속 차기작을 내는 경우도 있습니다. 또한 반짝 인기를 끌던 소설도 시간이 지나고 전혀 팔리지 않아 거의 잊히는 경우도 꽤 자주 있습니다. 그렇기 때문에 막연한 기대감을 갖는 대신 '**내가 웹소설을 써서 도달하고 싶은 목표**'는 무엇인지 생각해보는 과정이 필요합니다.

위의 빈칸에 들어갈 수식어를 떠올렸다면, 그에 대해 조금 더 구체적으로 생각해봅시다. 예를 들어 '돈을 잘 버는' 웹소설 작가가 되고 싶다고 생각했다면, 얼마나 벌어야 성공했다고 할 수 있을까요? 매달 200만원 이상의 수익, 혹은 대기업 사원 정도의 연봉, 그것도 아니라면 강남에 빌딩 한 채를 구입할 수 있을 만큼까지? 내가 방금 막 떠올린 수식어는 생각보다 다소 애매할 수 있습니다. 그렇기 때문에 나만의 기준에 맞춰 내가 진정 바라는 것은 무엇인지, 어떻게 해야 만족할 수 있을지 생각해보고 목표를 구체화하는 과정이 필요합니다. 이를테면 '**월 평균 300만 원 이상의 인세를 벌어들이는**' 웹소설 작가가 되고 싶다, 같은 식으로요. 목표가 구체적일수록 목표를 이루기 위한 계획을 세우기가 용이하므로, 가급적이면 두루뭉술한 목표보다는 명확한 목표를 생각하는 것이 중요합니다.

물론 지금 당장 백년대계 급으로 빈틈없이 계획을 세울 필요는 없습니다. 글을 쓰는 게 항상 마음대로 되는 건 아니거든요. 게다가 소설을 쓰면서 흥행 혹은 실패를 겪게 되면 기존의 목표가 변하거나 새로운 목표가 생기기도 합니다. 그렇지만 이왕 글쓰기에 뛰어드는 거, 꿈은 크게, 목표는 확고하게 갖는 것이 좋습니다. 이것은 웹소설 작가가 되기 위한 마음가짐이기도 하지만, 글을 쓸 때 필요한 마음가짐이기도 합니다. 하나의 작품을 시작하기에 앞서 이 작품으로 무엇을 이루고 싶은지, 어느 정도의 성적을 원하는지 나만의 목표가 있으면 갈피를 잡기 조금 더 쉽습니다. 그러니 꿈을 향해 달리기 전에 나의 목표에 대해 생각해보는 시간을 가져보도록 합시다.

TIP

목표 세우기 예시

제 경우에는 다음과 같이 큰 목표를 정하고, 세부적으로 목표를 이루기 위해 무엇을 해야 할지 정하는 편입니다.

나의 목표

☑ 나는 장르 문법에 구애받지 않고 내가 쓰고 싶은 글을 쓰는 웹소설 작가가 되고 싶다.

☑ 나는 10년 뒤에도 읽히는 웹소설을 쓰고 싶다.

목표를 이루기 위해 해야 할 일

☑ **유명한 작가 되기** : 내가 쓰고 싶은 글을 마음껏 쓸 수 있는 시장이 아니다. 그러기 위해서는 실력을 갖추고 고정 팬층을 갖춰야 한다.

☑ **유명한 작가가 되는 법** : 계속 신작을 내고 인지도를 높인다. 흥행하는 작품을 쓸 수 있도록 시도한다.

☑ **시대를 타지 않는 글쓰기** : 10년 뒤에 읽어도 촌스럽지 않은 글을 쓰려면, 시대를 타지 않는 글을 써야 한다. 그러려면 우선 어떤 글이 시대를 타고, 어떤 글이 계속 읽히는지 알아야 한다.

☑ **시장 조사 및 고전 분석** : 오래도록 읽히는 글은 어떤 특징이 있는지 분석한다. 꾸준히 독서를 한다. 더불어 시장에서 어떤 소재들이 유행하고 있고, 해당 소재들의 수명은 얼마나 되는지 파악한다.

☑ **유행어 최대한 지양하기** : 특히 인터넷 용어나 밈은 몇 달만 지나도 신선도가 떨어져, 밈이 남용된 글은 2년 안에 유치하고 촌스러워진다. 가급적이면 줄임말이나 인터넷 용어, 시대상이 반영될 수 있는 장면은 글에서 빼도록 하자.

2) 남과 비교하지 말 것!

흔히 '내글구려병'이라고들 말합니다. 글을 쓰다보면 갑자기 내 글이 너무 재미없고, 열심히 써봐야 아무도 봐주지 않을 것 같고, 괜히 시간만 낭비하는 것 같은 때가 옵니다. 이 증상은 특히 머리 식힐 겸, 혹은 인풋을 늘릴 겸 우연히 읽게 된 '정말 잘 쓴' 베스트셀러 웹소설을 보면 심해집니다. 나는 정말 글에 재능이 없는 걸까요?

단언컨대 그렇지 않습니다. 잊지 마세요. **작가 생활을 끝까지 이끌어가는 핵심은 내 글을 다른 글과 비교하지 않는 것입니다.** 오래 살아남는 웹소설 작가가 되려고 할 때, 어쩌면 가장 중요한 마음가짐인지도 모르겠습니다. 다른 작가와 수익, 인기, 성적 등 아무것도 남과 비교할 필요가 없습니다. 이유는 간단합니다. 웹소설 시장은 내가 재밌게, 잘 써야 글이 팔리는 구조인 거지, 옆의 다른 작가가 글을 더 잘 쓴다고 해서 내 몫으로 돌아오는 수익이 줄어드는 구조가 아니기 때문입니다. 독자들은 잘 팔리는 베스트셀러 글을 보고 나면 새로운 책 구매를 그만두는 게 아니라, 다른 재밌는 소설도 찾아봅니다.

플랫폼에 들어가면 실시간 랭킹부터 시작해서 베스트셀러, 스테디셀러 등 순위별로 줄 세워 둔 모습에 위축될 수 있습니다. 하물며 무료 연재 사이트만 가도 1위 작품은 출판사에서 줄줄이 문의가 들어오지만, 저 밑의 순위권 밖 작품은 출판 기회가 주어지지 않는 것 같습니다. 그렇지만 그것은 결과적으로 시간을 들여 글을 쓰는 요령이 생기면 해결될 수 있는 문제입니다. 시간이 조금 더 걸리고 덜 걸린다의 문제일 뿐, 조바심 내지 않고 실력을 쌓으면 언젠가는 주목받을 수 있습니다.

오히려 인내하고 묵묵히 나아가면 빛을 발할 수 있는 기회가 주어진다는 점이 이 시장의 매력 중 하나라고 생각합니다. 긍정적으로 생각합시다. 1위 작가, 베스트셀러 작가가 되는 데는 학력도, 나이도, 성별도 중요하지 않습니다. 오롯이 나의 경험, 긴 시간 글을 쓰는 것을 포기하지 않는 나의 노력,

그리고 성장을 위해 분투하던 세월이 결과로 드러날 뿐입니다. 따라서 내가 쓴 글과 비슷한 소재의 글이 더 좋은 성적을 거뒀다고 좌절할 필요도 없고, 나의 취향이 시장과 맞지 않는 마이너라고 해서 슬퍼할 필요도 없습니다.

나 자신의 작품과도 너무 치열하게 비교하지 않아야 합니다. 한 작품을 끝내고 그 다음 작품을 작업하다 보면, 슬럼프가 와서 문장이 덜 매끄러울 수 있고, 글을 쓰다 지쳐 전작에 비해 전개나 마무리가 미흡할 수 있습니다. 그래도 오래도록 글을 쓰면, 결국은 전보다 발전한 자기 자신을 마주할 수 있을 겁니다.

흔히, 신인 작가가 되는 것 보다 더 어려운 것은 기성작가가 되는 것이라고 합니다. 첫 소설은 아무것도 모른 채 썼지만 그 다음 작품을 쓸 때는 이전 작품 보다 잘 돼야 한다는 중압감이 작용하고, 그저 그런 소설을 쓰다가 절필하는 경우도 상당합니다. 하지만 포기해선 안 됩니다. 종수가 쌓이고 내 실력도 함께 쌓여야 우리가 그토록 염원하던 성공에 다가갈 수 있습니다. 첫 작품부터 대박이 나면 좋겠지만, 대다수의 작가는 그렇지 못하다고 말씀드리고 싶습니다. 저 또한 데뷔작은 기승전결보다는 보고 싶은 내용 위주로 채운 소설이었고, 최근 작들에 비하면 다소 초라한 성적이었습니다. 하지만 꾸준히, 더 잘 쓰고 싶다는 마음으로 글을 써온 결과 수익도 늘고 인지도도 늘어났습니다. 그러니, 이 글을 읽는 분들께서도 비교하지 말고, 조급해하지도 않고. 글을 즐기겠다는 마음가짐으로 작업해나갔으면 좋겠습니다.

소설을 쓰는 일은 하나의 세상을 창조하는 일입니다.
이 멋지고도 어려운 일에 도전할 준비가 되었나요?

지금부터 웹소설 쓰기의 비밀을 파헤쳐 봅시다.

웹소설 쓰기

웹소설 쓰기

"

이제 본격적으로 소설 쓰기에 돌입할 시간입니다. 어째서인지 '소설로 벌어먹고 산다'는 말에는 불로소득적인 뉘앙스가 함의된 것처럼 느껴지기도 합니다. 일을 전혀 하지 않고도 한 번 써둔 소설의 인세로 먹고 사는 일은 낭만적입니다. 그러나 안타깝게도 결국 그 소설을 직접 쓰는 과정 자체는 피해갈 수 없습니다. 불로소득을 달성하게 만들어줄 그 소설은 100편 남짓의 짧은 소설일 수도 있지만 500편이 넘어가는 장편일 수도 있습니다. 게다가 집필 중에는 그 소설을 끝까지 썼을 때 수익이 얼마나 될지 알 수 없습니다. 즉 '노동하지 않아도 지속적으로 들어오는 인세'는 결과가 불투명한 상황 속에서 책임감 있게 꾸준히 노동해야만 얻을 수 있는 결과인 것입니다.

✎ 01 장르 선정하기

1) 장르 선정의 중요성

그렇다면 어떤 소설이 성공하나요? 그건 천재 작가라도 알 수 없습니다. 워낙 다양한 내적, 외적 요인들이 성공에 개입하기 때문이죠. 하지만 흥하는 소설이 기본적으로 공유하는 특질이나 유행하는 소재, 독자들이 공통적으로 재미를 느끼는 포인트 등은 실존합니다. 고로 이번 장에서는 재밌는, 흥행하는 웹소설을 쓰려고 할 때 알면 유용한 팁에 대해 설명할까 합니다.

소설을 쓸 때 갑자기 번뜩이는 아이디어가 떠올라 천재처럼 써 내려갈 수도 있지만, 대부분은 아주 긴 시간 동안 작업이 진행되며 집필 이외에도 여러 과정을 거치게 됩니다. 집필은 웹소설 쓰기 중 한 과정에 불과하며 웹소설은 대체로 다음과 같은 과정을 거쳐 세상의 빛을 보게 됩니다.

·············· 소설을 집필하는 과정 ··············

장르 선정 ···▶ 소재 구상 ···▶ 배경 설정 및 인물 설정 ···▶ 시놉시스 구상 ···▶ 소설 집필 ···▶ 퇴고 앞서 언급했듯, 웹소설은 장르마다 문법이 크게 갈리기 때문에 시작할 때 내가 어떤 장르를 쓰고자 하는지 명확히 하는 게 좋습니다. 또한 내 글을 읽을 주요 독자층은 어떤 성향인지도 파악해야 합니다. 20, 30대 남성 독자들을 대상으로 소설을 쓰고 싶다면 해당 독자들이 주로 이용하는 플랫폼에 연재를 시작하는 게 좋겠죠. 만일 남성 독자들 취향에 맞는 소설을 쓰는데 여성 독자들이 주로 이용하는 플랫폼에 글을 연재한다면 아무도 읽어주지 않을 것입니다. 물론 독자들의 성별이나 연령대와 상관없이 인기 있는 소설도 있지만, 대부분의 장르소설들은 독자들의 성향에 영향을 받습니다. 내가 쓰고자 하는 글이 어떤 글인지, 나는 주로 어떤 장르의 소설들을 재미있게 읽었는지 생각한 다음 전략적으로 연재 플랫폼을 정하고 소설 전개를 꾸릴 필요가 있습니다.

⋮

TIP

용어 설명

남성 독자들이 주 구매층인 소설, 혹은 남성 독자들의 취향에 맞는 소설을 남성향이라고 합니다. 반대로 여성 독자들의 취향에 맞춰 쓰인 소설들은 여성향이라고 합니다. 남성향은 주로 성취에 관한 내용이 많으며(ex. 능력을 발휘해 세계에서 최강자 되기, 예쁜 여자들에게 인기를 얻어 하렘 차리기, 힘을 얻고 나를 무시했던 사람들이 후회할 정도로 강해지기 등) 여성향은 주로 애정사, 혹은 여성을 주인공으로 한 내용이 많습니다.(ex. 각종 로맨스물, 여자 주인공 판타지 등)

2) 무료 웹소설 연재 플랫폼

남성향

❶ 문피아 / www.munpia.com ··

국내 최대 소설 연재 플랫폼 중 하나입니다. 남성향 소설의 대표 주자 사이트이므로, 남성향 소설을 쓴다면 거의 문피아에서 시작한다 해도 과언이 아닙니다. 아무런 자격 조건 없이 무료로 연재를 시작할 수 있지만(자유 연재), 당연히 노출도가 매우 낮습니다. 때문에 노출도를 조금이라도 높이려면 75,000자 이상의 글을 올리고(5,000자 기준 대략 15편) 일반 연재 등급으로 승격해야 합니다. 이후 일반 연재에서 투데이 베스트 진입을 노려 독자를 확보하고 안정적으로 소설을 연재해 나가는 과정이 이어집니다. 이에 대해서는 다음 파트에서 자세히 언급하겠습니다.

문피아에서는 온갖 남성향 장르가 연재됩니다. **현대판타지, 무협, 판타지**부터 시작해서 **대체역사, 스포츠, 전문가물**까지 종류가 아주 다양합니다. 그러니 가장 잘 쓸 수 있는, 혹은 쓸 때 즐거운 장르를 선택해서 연재하면 됩니다.

여성향

❷ 네이버 웹소설 / novel.naver.com ··

'챌린지리그'에서 아무런 조건 없이 무료로 연재할 수 있습니다. 이후 소설이 인기가 많아지면 네이버에서 심사를 거쳐 '베스트리그'로 승격되고, 이때부터 노출도가 늘어납니다. 이후 출판사와의 계약을 통해 출간하거나 네이버에서 정식 연재를 할 수도 있습니다. 여타 플랫폼과 다르게 네이버 정식 연재는 원고료를 지급합니다. 네이버 이외 플랫폼은 수익이 발생할 시 수익을 분배하는 구조입니다.

네이버에서는 주로 여성향 장르가 연재되는데, **로맨스 판타지, 로맨스**가 대세입니다. 탭에는 현대판타지, 무협 등 다양한 장르가 존재하지만 실질적으로 이용 독자 수가 현저히 적기 때문에 해당 장르를 연재하고 싶다면 다른 플랫폼을 찾는 게 이롭습니다.

③ 조아라 / www.joara.com ··

조아라 또한 아무 조건 없이 무료로 연재를 할 수 있습니다. 조아라는 앞선 플랫폼들과 달리 승격 시스템이 없으며, 대신 '투데이 베스트'에 들어야 노출도가 올라갑니다. 또한 투데이 베스트에 들기 위한 몇 가지 조건이 있기 때문에 이 부분을 잘 맞춰서 준비해야 합니다. 투데이 베스트 시스템에 관해서는 마찬가지로 다음 파트에서 자세히 언급하겠습니다.

원래는 여성향 남성향 가리지 않고 다양한 장르가 연재되었으나, 현재 조아라에서 뜨는 주요 장르는 여성향 중에서도 **로맨스 판타지**, 그리고 BL입니다. 조아라는 다른 두 플랫폼과 달리 플랫폼 내에서 무료 연재를 하다가 유료화 하는 문화가 정착되어 있지 않습니다. 연재되는 작품 중 상당수는 완결 전후로 다른 플랫폼에서 정식으로 출간되어 유통되는 편입니다.

✎ 02 소재 구상하기

소설을 쓸 때 시작점은 어디일까요? 보통 '어떤 이야기를 쓸 것인가'에서 출발하곤 합니다. 특히 웹소설에서 어떤 소재는 인기가 있어 소재만으로도 독자들의 클릭을 유도하기도 하고, 반대로 어떤 소재는 듣기만 해도 난해해서 진입장벽으로 작용하기도 합니다. 심지어 소재가 작품의 방향성을 결정하는 일도 자주 있습니다. 그러므로, 소설을 쓸 때 **소재를 잘 선정하는 것은 아주 중요합니다.**

그럼 좋은 소재는 어떻게 선정하나요? 소재를 선정하는 방법은 작가마다 다르기 때문에 이거다, 하고 답을 정해드리긴 어렵습니다. 소재의 선정도 중요하지만, 작가의 성향에 따른 '집필의 재미'가 곧 웹소설의 재미로 이어지기 때문입니다. 대중들이 좋아하는 소재를 쓴다 해도 글을 쓰는 내가 흥미를 못 느끼면 글도 덩달아 재미가 없어집니다. 재미가 생명인 웹소설에서는 정말 치명적인 상황이 아닐 수가 없죠. 그래서 저는 첫 소설은 취향 가는대로 써보고, 차근히 대중적인 소재나 전개를 분석해서 나의 취향과 타협보는 것을 권하는 편입니다.

아직 웹소설 작가로서 자신의 성향을 잘 모른다면 소재를 정하기 이전에 다음 질문에 대한 답을 떠올려 봅시다.

1) 나의 취향은 메이저인가?

웹소설은 시대에 따라 유행하는 인기 소재와 전개가 있습니다. 내가 좋아하는 소재나 전개가 대중들의 취향과 부합한다는 것은 큰 장점입니다. 수많은 소재와 전개들을 통틀어, 현재 흥하고 있고 대중적으로 사랑을 받는 클리셰들을 '**메이저**'라고 칭합니다. 그리고 인기가 없거나 호불호가 심하게 갈릴 수 있는 소재들은 '**마이너**'라고 불립니다.

소설을 쓰기에 앞서, 나의 취향과 감성이 메이저인지 마이너인지 살펴보도록 합시다. 유행하는 소재를 거부감 없이 재밌게 읽을 수 있다면 축복받은 메이저 감성입니다. 물론 메이저 취향이라고 해서 소설 쓰기가 평탄한 것은 아니지만, 적어도 마이너보다는 조금 수월한 건 사실입니다. 나의 취향이 대중적이지 않은 마이너라면, 마음의 각오를 합시다. 보통 마이너 취향을 가진 사람은 메이저 취향을 분석해서 흉내내려고 해도 잘 되지 않는 경우가 태반일테니까요. 이건 작가의 아주 근본적인 성향과 취향에 관련된 부분이기 때문에 함부로 뜯어 고칠 수 있는 영역이 아닙니다. 하지만 마이너라고 기죽을 필요는 없습니다. 마이너라고 해서 성공이 불가능한 것은 아닙니다. 단지 성공 난이도가 더 높아질 뿐이죠. 내 소설이 재미만 있으면 어떻게든 성공할 수 있습니다.

······················· Q&A ·······················

메이저와 마이너는 구체적으로 무엇을 의미하나요?

이건 장르마다 다르기 때문에 일일이 나열하기 보다는 해당 장르 플랫폼에 들어가서 베스트 순위로 살펴보는게 빠릅니다. 아마 유행하는 소재나 도입부, 전개 등을 쉽게 확인할 수 있을 것입니다. 메이저는 복잡하게 생각할 것 없이 '대세' 혹은 '주류'라고 이해하면 됩니다. 이해를 돕기 위해 예를 들자면, 로판의 경우 **회귀, 빙의, 환생**이라는 3대 필수 키워드가 있고, 그 외에도 후회 남주나 악녀, 육아물 등의 인기 키워드가 있습니다.

2) 나는 모험을 좋아하는가?

위의 질문의 연장선상에 놓인 질문입니다. 성공한다는 보장도 없이, 마이너한 소재를 선정하는 것은 곧 용기이자 모험입니다. 소설을 쓰는 데는 오랜 시간이 걸리고, 그 기간 동안 인기 없음과 저조한 수익을 감내하면서 글을 이어가야 할 수도 있습니다. 만일 내가 마이너 취향을 가졌더라도 모험을 별로 좋아하지 않는 성격이라면, 속 편하게 메이저 취향을 독파해 인기 작가가 된 뒤에 쓰고 싶은 글을 쓰는 것도 한 방법이 될 수 있습니다. 실력이 완성되지 않은 상태에서 상업성이 떨어지는 마이너 성향의 글을 오래도록 붙잡고 있는 건 스트레스가 엄청납니다.

3) 나는 돈보다 나의 신념을 중시하는가?

　웹소설 작가로서의 타협점에 관한 질문입니다. 지금까지 쭉 성공하는 소재, 주류 감성인지 아닌지에 관해 이야기 했는데, 이 부분은 조금 더 세부적입니다. 가령, '내가 로맨스에 별 감흥이 없는데 팬덤을 의식해 러브라인을 집어넣을 수 있는가?'에 관한 이야기라고 하면 이해가 빠를까요. 작가로 생활하다보면 '상업성을 위해 내 고집을 꺾을 수 있는가?'를 시험받는 때가 오기 마련입니다. 이때 상업성을 위해서 기꺼이 고집을 꺾고 전개를 180도 비틀어버릴 수 있다면, 인기 소재를 철저히 분석해서 주류 감성 작품을 쓰는 데 도전해도 좋습니다. 소설 반응이 좋지 않다면 얼마든지 수정할 각오가 되어있다는 뜻이니까요. 너무 돈만 보는 거 아니냐고 할 수도 있지만, 유연한 마인드를 갖는 것도 일종의 재능입니다. 반면 돈 앞에서 작품 방향을 타협하지 못한다고 해서 기죽을 필요도 없습니다. 이건 상업성이 떨어진다는 소리가 아니라 작가로서의 에고가 확고하단 뜻입니다. 이런 작가들의 작품은 독특한 색채와 분위기 때문에 코어 팬덤을 형성하는데 유리합니다.

　앞서 언급한 특성들은 성향의 차이일 뿐, 성향이 곧 성공을 결정하는 건 아닙니다. 이러한 성향에 관해 언급한 이유는 작품을 시작하기 전에 자신의 성향을 파악하고 소재를 고르는 데 조금이나마 도움이 되고자 함입니다. 선택은 결국 작가의 몫입니다. 뜨기 쉬운 소재, 주류 감성의 소재는 실존하지만 무조건 성공하는 소재, 무조건 실패하는 소재는 없습니다. 대중의 입맛에 맞게 '재미있는' 소설을 쓰기만 한다면 그 글은 성공할 것입니다.

03 인물 및 배경 구상하기

소재 선정을 통해 작품 방향성이 잡혔다면 인물을 구체화 해봅시다. 저는 인물과 사건 전개, 그리고 세계관 구상 등을 전부 한꺼번에 하는 편입니다. 책을 저술하는 데 있어 순차적으로 보여드리고 있을 뿐, 실제로 설정을 짜는 단계는 제법 동시다발적으로 이루어지기 때문에 참고만 하는 것이 좋습니다. 작가마다 성향이 다를 수 있으니까요. 어쨌든, 이제부터는 소재에 살을 붙여 인물과 배경에 매력을 부여할 차례입니다.

1) 캐릭터 조형하기

캐릭터 작성 대원칙

군상극이 아닌 이상 너무 많은 캐릭터를 활용하는 건 좋지 않습니다. 특히, 주변 인물 묘사와 서사에 지면을 할애해 주인공을 뒷전으로 미뤄버리는 일은 범하지 않도록 합시다. 일회용 엑스트라를 너무 남발하는 것 또한 번잡할 수 있어서 추천하지 않습니다.

때문에 주인공, 조연, 악역, 에피소드 별 주요 엑스트라로 캐릭터를 구분해 각 에피소드에 등장할 인물의 수를 제한하는 게 편리합니다. 한 에피소드에 주요 등장인물 수는 많아도 일곱 명을 넘어가지 않게 주의합시다.

❶ **인물의 목표 설정하기**

소설 속 인물을 움직이는 힘은 뭘까요? **인물이 어떤 행동을 하기 위해서는 원동력이 되는 커다란 목표가 있어야 합니다.** 이를테면, 세계 최강이 되기, 복수하기, 사건 해결하기, 집으로 돌아가기 등이 있을 수 있겠죠. 로맨스 물이라면 조금 더 명확합니다. 사랑을 쟁취하는 것이야 말로 로맨스 장르의 최종 목표나 다름 없으니까요. 중요한 것은 독자들이 인물의 목적에 동의할 수 있어야 한다는 점입니다.

**한국에서 행복하게 살던 평범한 대학생이었던 내가,
이세계(異世界)에 소환 혹은 빙의해 버렸다.**

이 경우 주인공의 목표가 '이세계서 살아남는다' 혹은 '원래의 세계로 무사히 돌아간다'라면 대부분의 독자들은 동의할 것입니다. 하지만 인물이 '언제 원래 세계로 돌아갈지 모르니 이세계에서 대학 과제를 한다.'라는 엉뚱한 목표를 갖고 움직이면 공감하기 어려울 뿐더러 이야기를 전개해나가기도 쉽지 않을 것입니다.

이야기를 전개해 나가려면 인물에게 자연히 세부 목표를 설정해주는 것도 중요합니다. '최종 목표를 이루기 위해서 인물은 어떻게 행동할까?'를 생각하다 보면 자연히 최종 목표를 달성하기 위한 자잘한 목표가 떠오르기 마련입니다.

이세계에서 살아남자.

⋯⋯ 마법이나 그런 건 하나도 모르지만
나는 미대생이라 그림을 잘 그리니까 일단 그림을 팔자.

이런 식으로 최종 목표를 이루기 위해 세부 목표들끼리 얽히고 꼬리를 물다 보면 자연스레 사건이 진행되고, 이야기의 결이 잡힙니다. 목표는 인물을 움직이는 원동력이기도 하지만, 이야기 전체를 이끌어나가는 힘이기도 합니다. 그러므로 **'그래서 걔는 뭘 하는데?'** 라는 질문을 끊임없이 떠올리면서 인물을 구체화시켜 나갑시다.

❷ 성격 조형

어떤 성격이 매력적일까요? 일상생활, 혹은 평소 삶에서 매력적이라고 느끼는 성격을 떠올려 봅시다. 주체적인 사람, 친절한 사람, 여유있는 사람, 다정한 사람 등등…. 각자의 이상형에 가까운 모습이 떠오를 것입니다. 한 사람이 이 모든 성격을 가지고 있다면 좋겠지만, 그런 사람은 실존하기 어려울뿐더러 세상에 장점만 있는 사람은 없습니다. 모든 성격에는 명암이 있고, 이 명암을 얼마나 맛깔나게 살리냐에 따라 캐릭터의 매력이 결정되곤 합니다.

캐릭터 성격 조형을 하는 팁을 드리자면, 종이를 절반으로 나눠 작가인 내가 매력적이라고 생각하는 인물의 성격과 특성을 쭉 적어내려갑니다. 그리고 나머지 절반에는 미디어나 다른 작품에서 봤을 때 매력적이라고 생각했던 인물의 성격을 적어내려 갑니다. 여기서 서로 상충되는 성격이(ex. 냉정하다 ↔ 온정적이다) 있다면 표시합니다. 그리고 주인공과 조연들에게 표시된 성격 중 하나씩 골라서 부여합니다. 각 성격 키워드가 갖는 장단점도 간략히 적어봅니다. 로맨스 관계 혹은 절친한 동료 관계라면 위에서 **체크한 상충되는 성격을 각각 나눠서 부여함으로써 둘의 유대감이나 상호보완적 측면을 강조할 수 있습니다.** 인물간의 관계성 그 자체로도 흥미를 유발할 수 있고, 상호보완성을 통해 사건을 해결하는 열쇠를 쥐어줄 수도 있습니다.

이 방법을 추천하는 이유는, 보편적으로 매력적이라고 여겨지는 특성을 부여하면 읽는 이도 쉽게 공감하고 재미를 느낄 수 있기 때문입니다. 여기에 성격적 단점이 드러나고 그 단점을 극복하거나 보완하는 에피소드를 추가하면 인물의 입체성이 한껏 돋보이게 됩니다. 캐릭터 성격을 조형할 때 유념할 것은, 모든 성격에는 단점이 있지만 그럼에도 불구하고 장점이 더 부각되기 때문에 해당 인물에게 매력을 느낀다는 점입니다. 그렇기 때문에 독자가 수용하기 어려운 성격의 인물을 주인공으로 설정하는 건 다소 모험이 될 수도 있습니다(이를테면 과한 공감 능력 결여, 막무가내 고집 등).

성격 조형의 예

냉정한 성격 + 주인공

장점	- 위기 상황에서 신중한 판단력을 보여줄 수 있다. - 호구 잡히지 않아 독자들에게 쾌감을 선사한다.		
단점	너무 냉정해서 작중 인물들에게 미운털이 박히거나 적이 생길 수 있다.	**해결 방안**	- 주로 적들에게 신랄한 비판을 가해 반감을 사는 식으로 인물의 매력을 돋보이게 한다 - 혹은 주변 인물과 대립되는 것을 하나의 에피소드로 활용한다.
	도가 지나치면 비인간적인 면모가 부각되어 독자에게도 반감을 살 수 있다.		언제나 냉정한 듯 하지만 기계적으로 냉정한 게 아니라 결정적인 순간에 냉정함을 잃고 인간적으로 구는 모습을 부각한다(부성애, 모성애, 연인이나 동료에게 등).

온정적인 성격 + 주인공의 동료

장점	- 작중 인물들의 마음을 움직일 수 있다. - 선행을 연출하기 쉽다.		
단점	자칫하면 미온적인 태도가 답답함을 유발할 수 있다.	**해결 방안**	- 미온적인 태도를 반드시 보일 이유가 없다면 이런 장면은 생략한다. - 혹은 넣더라도 이야기의 후반부에 넣으며, 이러한 행동을 보여줄 때 인물이 얻을 수 있는 보상을 확실히 한다(결과적으로 온정을 베푸는 것이 옳았음을 보여주며 극대화 한다).
	너무 쉽게 동정과 선행을 남발하면 작위적으로 보인다.		- 인물에게 더 많은 성격을 부여한다. 오직 '온정'만이 성격의 전부가 되지 않도록 한다. - 온정을 부각하되, 부각되는 장면의 수를 조절한다. 또한 캐릭터의 성격을 작중 인물이나 서술로 직접 언급하지 않도록 한다.

그렇지만 소설에는 때때로 양념도 필요한 법입니다. 성격적 단점이 크게 돋보이는 주인공을 내세운다 해도, 반드시 단점을 극복해 새 사람이 되는 입체성을 띨 필요는 없습니다. 캐릭터의 성격을 보여주는 것은 결국 작가이기 때문에, 주변 인물의 조형을 통해 단점을 감추는 등의 연출 기교를 선보일 수도 있습니다.

❸ 개성 부여

캐릭터만의 고유한 특성을 부여해주는 것도 인물의 매력도를 높이는 방법 중 하나입니다. 개성을 부여하는 방법에는 외적인 특성이나 사소한 버릇이 있을 수도 있고, 절절한 뒷배경이나 신념 등이 있을 수도 있습니다. 특히 주인공이라면 사건을 풀어나갈 때 반드시 그 캐릭터만 할 수 있는 사건의 열쇠를 쥐어주는 것이 좋습니다.

외적인 특성 드러내기: 외모 묘사, 표정 묘사, 복장 묘사 등. 특이한 외모나 특성을 주기적으로 환기해주면 캐릭터의 이미지를 기억시키는데 유리합니다.

버릇 활용하기: 거짓말을 할 때 눈을 깜빡이는 습관, 혹은 긴장했을 때 손을 말아쥐는 습관 → 인물의 행동을 직접 서술하지 않고도 감정 상태나 태도를 기술하는 데 유용합니다. 혹은 복선을 깔거나 반전을 암시하는 데도 유용한 장치로 활용될 수 있습니다.

과거 설정: 특히 악역의 경우 악역이 된 사연을 보여줌으로써 마냥 미워할 수 없는 매력적인 악역이 되기도 합니다. 그럼에도 불구하고 몰락할 수밖에 없는 모습을 보여주면 독자의 호응도는 더욱 올라갑니다. 주인공의 경우도 마찬가지로 성격 형성에 영향을 준 과거를 보여주면 행동의 개연성을 확보하는 동시에 캐릭터에 대한 몰입을 높이기 좋습니다.

신념: 눈앞의 이득을 두고도 손해가 되는 결정을 하는 캐릭터의 행동을 정당화 하거나 때로는 비장함마저 보여줄 수 있습니다. 주인공이든 조력자이든 가리지 않고 일관된 신념은 캐릭터의 개성을 두드러지게 나타내는 요소로 활용할 수 있습니다.

❹ 말투 설정

웹소설에서는 구구절절 상황을 묘사하기 보다는 인물간의 대화로 소설이 진행되는 경우가 많아, 대사 활용이 중요합니다. 소설에 여러 인물이 등장할 경우, 대사만으로도 누가 발언했는지 구분될 만큼 말투의 차이가 명확하면 좋습니다. 대사에는 인물의 성격과 가치관, 어휘 수준, 상대에 대한 태도 등이 함축적으로 드러나기 때문에, 대사만 잘 써도 캐릭터의 매력이 한층 돋보입니다. 인물의 성격과 태도를 드러내는 말투의 예시는 다음과 같습니다.

"죄송합니다. 잘 이해가 되지 않습니다. 다시 설명해 주십시오."

아주 깍듯하고 전혀 반항적이지도 않습니다. 말투에서 정중함과 동시에 딱딱함이 묻어납니다.

⋯ 반듯한 '하십시오체' 입니다. 평소 '하십시오체'가 언제 사용되는지 생각해본다면 이해가 빠릅니다. 이런 말투는 극도로 공손해서, 의외로 일상생활에서는 잘 쓰이지 않습니다. 일상에서 이 말투를 가장 쉽게 접할 수 있는 곳은 기계의 안내 문구입니다 (ATM, 키오스크 등). 수직적인 구도에서 아랫사람을 연출하고 싶을 때 손쉽게 사용할 수 있는 말투입니다.

"뭘 말씀하시는지 잘 모르겠습니다. 제가 배움이 짧아서요."

분명 존대하고 있지만 묘하게 빈정대는 느낌이 듭니다. 어딘가 반항적입니다.

⋯ '하십시오체'와 '해요체'가 혼용된 말투입니다. 이 정도는 일상에서 볼 수 있기도 하고, 상대를 적당히 높인다는 느낌을 줍니다. 단, '배움이 짧다' 등의 격 없는 자조적 표현이 묘하게 반항적인 태도를 드러냅니다. 인물의 태도를 드러내는 가장 쉬운 방법은 인물이 사용하는 어휘를 통해 감정을 함축하는 것입니다.

"뭐라고 하시는지 잘 모르겠네. 안타깝게도 내가 가방끈이 짧아서."

이 쪽은 훨씬 건방집니다. 말투만 본다면 시정잡배처럼 느껴질 정도로요.

⋯▸ 분명 '하시는지'라고 상대방을 높이고 있지만 결국 반말입니다. 이 부분에서 빈정 댐, 불량함이 극대화 됩니다. 위의 '배움이 짧다'라는 표현 대신 '가방끈이 짧다'라는 관 용어를 사용함으로써 건방짐마저 드러낼 수 있습니다. 단, 관용어나 비유적인 표현은 연령대나 시대를 타기 때문에 너무 과하게 남용하는 건 추천드리지 않습니다.

"죄송한데⋯ 잘 이해가 안 가서요. 다시 설명해주실 수 있을까요?"

너무 공손해서 위축된 느낌마저 듭니다. 공격성은 찾아볼 수 없습니다.

⋯▸ '해요체'를 구사하는 인물은 공손하면서도 딱딱하게 격을 차리기보단 조금 더 유 들유들해 보이는 인상을 줍니다. 상대방에게 어떤 요구를 할 때도 '해주십시오'라고 단정적으로 요구하기 보다는 '해주실 수 있을까요?'라고 표현하여 조금 더 부드럽게 요청을 합니다. 또한 줄임표(⋯)는 대사에 휴지를 주어 인물이 주저하거나 말을 고르 는 것처럼 보이게 만듭니다. 줄임표를 과하게 넣으면 인물이 위축되고 소심해 보이 는 효과가 있습니다.

이렇듯, 같은 상황에서 비슷하게 반응하더라도 전혀 다른 목소리를 낸다 면 인물의 매력도를 끌어올릴 수 있습니다. 또한 독자도 누구의 발화인지 구분이 수월해 소설에 훨씬 쉽게 몰입할 수 있게 됩니다.

❺ 성장 및 변화

캐릭터가 처음부터 끝까지 천편일률 똑같으면 너무 평면적이고 재미가 없습니다. 엑스트라 악역은 그래도 괜찮겠지만, 주인공급으로 가면 소설의 재미를 반감시키는 요인 중 하나입니다. 때문에 사건을 거듭할수록 인물의 가치관에 변화가 생기고 행동이 변하도록 그려내는 것도 중요합니다. 로맨스의 경우 시작은 냉랭했으나 끝은 여자 주인공에게 죽고 못 사는 남자 주인공들이 좋은 예시가 됩니다. 이때, 너무 급작스럽게 캐릭터가 변화하는 건 금물입니다. 자칫하다간 '캐릭터성 붕괴'가 될 수도 있습니다. 소위 말하는 캐붕을 방지하기 위해서는 캐릭터를 처음 설정할 때 어떤 방향으로 변화해 나갈 것인지 변화 방향성을 정하고 각 에피소드 별로 변곡점을 주어 서서히 변화시켜나가는 게 좋습니다.

요즘 웹소설은 빨리빨리, 사이다 전개가 트렌드입니다. 특히 연재는 하루에 한 편씩 공개되기 때문에 소위 말하는 고구마 구간이 길어지면 독자들이 바로 이탈하기 시작합니다. 그래서 '평범하지만 모종의 사건으로 점점 강해지는' 사이다형 주인공, 혹은 완성형에서 절대자가 되어가는 주인공들이 인기를 끌고 있습니다. 그러니 독자들이 원하는 주인공 캐릭터가 어떤 인물인지 파악한 뒤 소설에 반영할 수 있다면 상업적으로 성공하는 데 도움이 될 것입니다. 하지만 이 역시 현재 시장의 경향성일 뿐, 절대적인 건 아닙니다. 시대가 지나면 변할 것이기 때문에 참고만 해두는 게 좋습니다.

❻ 메타적 이입 요소 설정

독자들이 소설 속 인물에게 이입하고 공감하는 것이 무엇보다 중요합니다. 캐릭터를 처음 설정할 때, 특히 주인공일수록 이입할 수 있는 배경 요소를 부여하는 게 좋습니다. 예를 들어 요즘 가장 많이 채택되는 건 '평범했던' 신분입니다. 소설을 읽는 독자들 대부분은 평범한 사람들입니다. 그렇기 때문에 주인공도 평범한 사람에서 시작한다면 조금 더 쉽게 공감하고 이입할 수 있습니다. 하지만 계속 평범하기만 하면 주인공이 아닙니다. 이 주인공은 우연한 힘을 얻든, 노력을 가미해서 특출나게 변하든, 비범함을 보여야 이야기가 전개될 것입니다. 독자들 또한 '평범했던' 주인공에 이입하여 그가 강해지는 것을 보고 대리로 카타르시스를 느끼면서 재미를 찾는 편이고요.

캐릭터 성격 조형 시 도움이 될 만한 테스트

인터넷에는 사람들의 성격을 분석하는 각종 테스트가 있습니다. 보통은 현실의 사람들이 자신의 성격을 재미로 분석하기 위해 이러한 테스트를 하는 편이지만, 의외로 캐릭터를 조형할 때도 테스트들이 도움이 됩니다. 내가 생각하는 해당 인물의 가치관을 조금 더 자세히 알 수도 있고, 다른 인물들과 관계를 맺을 때 어떤 부분이 부각되는지, 그리고 성격의 장단점은 무엇인지 세밀히 분석해줍니다. 아래에 소개할 테스트들은 인터넷에 검색해 보면 쉽게 테스트 사이트를 찾을 수 있습니다.

● **MBTI 테스트** 성격 유형 검사 중 하나입니다. 총 16가지의 결과가 있으며, 인터넷에서 무료로 할 수 있는 테스트는 정식이 아닌 약식입니다. 그렇지만 우리가 캐릭터를 조형할 때는 정확한 성격 유형 분석이 필요한 것이 아니기 때문에 약식으로 진행해도 충분합니다. 캐릭터의 성격뿐만 아니라, 전반적인 성향이나 대인 할 때 태도 등을 파악하는 데 유리합니다.

● **에고그램 테스트(Egogram Test)** 사람의 인성, 성격에 관한 테스트이며, 총 243가지의 결과가 있습니다. MBTI보다 조금 더 구체적이고, 캐릭터의 성격을 한 줄의 문구로 정리해 주는 것이 특징입니다. 성격에 관한 설명, 그리고 타인과 관계를 맺을 때 상대방의 입장에서는 어떻게 느껴지는지 해석을 해준다는 장점이 있습니다. 저는 주로 인물 간의 관계도를 설정하다가 막힐 때 테스트를 진행하면서 도움을 얻는 편입니다.

● **던전 앤 드래곤 성향 테스트(Alignment Test)** TRPG 룰 〈던전 앤 드래곤〉에서 캐릭터의 행동 양식을 지정할 때 쓰이는 성향입니다. 이 테스트는 캐릭터의 선과 악에 관한 가치관을 평가합니다. 질서 선 / 중립 선 / 혼돈 선 / 질서 중립 / 중립 / 혼돈 중립 / 질서 악 / 중립 악 / 혼돈 악 이렇게 총 아홉 가지의 성향이 있습니다. 캐릭터의 선악을 판가름하는 테스트인 만큼, 판타지물을 쓸 때 유용한 테스트입니다. 단, 테스트 사이트가 영문으로 되어 있기 때문에 번역을 보면서 진행해야 하는 수고로움이 있습니다.

캐릭터 조형 시트

프로필

사진

기본 정보

이름	
나이	
국적 (출신지)	
직업	
종족	

세부 정보

신체 정보	
신장	
몸무게	
성별	
신체적 특징	

특성	
성격 (키워드)	
특수 능력	
무기	

그 외	
좋아하는 음식	
싫어하는 음식	
생일	
가족 관계	
취미	
성격 및 성향 테스트 결과	

세부메모 ···

인물 노트	
요약	인물에 관한 설명을 1~3줄 정도로 요약합니다.
상세 설명	이 인물이 어떤 인물인지, 어떤 역할을 위해 만들었는지 구체적으로 설명을 적어둡니다. 작품을 쓰는 동안 인물이 성장하는 것과는 별개로 변치 않는 본질 위주로 서술합니다.
외형 묘사	아주 구체적일 필요는 없지만, 대략적인 외형을 적어둡니다. 외형을 정해두면 묘사할 때도 편하지만 일러스트 의뢰서를 작성할 때도 도움을 받을 수 있습니다.
성격 묘사 (키워드 구체화)	인물의 성격을 정리해 두면 말투나 행동 등을 묘사하기 편할 뿐만 아니라, 해당 인물과 반대되는 성격인 인물, 혹은 상보적인 성격인 인물을 조형할 때 편리합니다.
성장 배경	인물의 성장 배경을 적습니다. 과거 설정을 짜두면 해당 인물이 하는 행동들에 개연성이 생기고 성격 또한 유기적으로 조형됩니다.
재능 / 능력	인물이 발휘할 수 있는 재능이나 능력에 관하여 적습니다. 작품에서 드러날 수 있는 특별한 재능 위주로 서술합니다.
인물 관계	다른 인물과의 관계를 서술합니다.
기타	위에서 서술하지 못한 기타 사항을 서술합니다.

새로운 캐릭터를 만들어야 할 때, 도저히 감이 안 잡힌다면 위의 시트를 활용해 봅시다. 대략적으로 어떤 요소들을 구상해야 하는지 도움을 받을 수 있습니다. 또한, 이미 구상한 캐릭터들을 정리하다 보면 더 좋은 아이디어나 디테일한 설정이 떠오를 수도 있습니다.

2) 배경 구상하기

배경이 한국인 현대 리얼물, 전문직물이라면 크게 새로운 설정을 구상하지 않아도 됩니다. 이 경우에는 어떻게 하면 리얼리티를 살릴 수 있을지를 고민해야합니다. 전문직물일수록, 고증을 살리고 싶을수록 철저한 자료 조사는 필수겠죠. 반면, 약간이라도 판타지가 가미된 경우 작가의 창의력을 총동원해서 배경을 설정해야 합니다. 이 부분은 작가의 독창성이 많이 작용하기 때문에 보편적인 팁을 나열하기 보다는 제가 사용하는 방법 위주로 설명하도록 하겠습니다.

배경 기술 대원칙: 설명하지 말 것

특별하고 복잡한 나만의 세계관을 만드는 건 좋습니다. 이 방대한 세계관, 빠져들면 절대 헤어나올 수 없을 것 같다는 예감이 듭니다. 다만 설정 짜는 것을 좋아하는 작가일수록 유념해야 할 게, 절대 독자에게 주입하듯 설정을 나열해서 설명하면 안 된다는 것입니다. 누군가는 백과사전을 읽는 것처럼 나열된 설정에 흥미를 느낄 수도 있겠지만, 대부분의 독자들은 빽빽하게 나열된 설명을 지루해합니다.

진행상 반드시 필요한 설명이라도 사전식으로 설명하는 건 지양해야 합니다. 대신, 등장 인물의 입을 빌리거나 조금씩 세계를 알아갈 수 있도록 적절히 녹여내는 게 중요합니다. 우리가 유행어를 처음 접할 때를 떠올려 보면 이해가 쉽습니다. 범용적인 유행어인 '헐'의 경우 다들 그게 무슨 뜻이라고 굳이 설명하지 않아도 어떤 때 쓰는지 무의식적으로 알고 있는 것과 흡사합니다. 세계관을 녹인다는 건 그런겁니다. 정의를 일일이 나열해서 주입시키기 보단, 세계관이 작중에서 어떻게 드러나고 활용되는지 보여주면서 독자가 어휘 용례를 받아들이듯 설정을 받아들이게 만드는 게 중요합니다.

이를테면, 주인공이 판타지 세계의 창작 종족인 '엘프'를 만났다고 합시다. 이때, 이런 설명이 나온다면 독자의 흥미는 반감될 것입니다.

그때, 엘프가 나타났다. 엘프는 숲에 사는 종족으로, 몸놀림이 기민한 만큼 힘도 세다. 주로 활을 쏘며 자연과 함께 살아간다. 그들은 대체로 인간에게 우호적이지 않다. 숲에서 부락을 형성해 살아가기 때문에 인간들과 접촉하는 빈도수가 적어, 살면서 엘프를 한 번도 보지 못하고 죽는 인간도 태반이다.

이 부분을 조금 더 유연하게 서술하면 다음과 같이 고칠 수 있습니다.

그때, 눈에 보이지 않을 만큼 재빠른 움직임이 코끝을 스쳤다.
　　　　└, 몸놀림이 기민하다
눈앞의 존재를 확인한 데빈이 믿을 수 없다는 듯 놀라 소리쳤다.
"엘프?" └, 인간들과 접촉하는 빈도수가 적어,
　　　　　　살면서 엘프를 한 번도 보지 못하고 죽는 인간도 태반이다

"인간이 여긴 어쩐 일이지?"
　　└, 그들은 대체로 인간에게 우호적이지 않다
풍채가 훌륭한 엘프 남성이 주먹으로 나무를 때려 쿵, 하는 소리를 내며 물었다. └, 힘도 세다
그는 영역을 침범한 이에게 노골적으로 적의를 드러냈다.
　　└, 부락, 즉 영역을 형성해 살아가며 인간에게 우호적이지 않다
숲에 발을 들인 데 합당한 이유를 대지 않는다면,
　　└, 그들의 부락은 숲에 위치한다
금방이라도 등 뒤에 매고 있는 활을 들어 겨눌 것 같은 얼굴이었다.
　　　　└, 주로 활을 쓴다

종족의 특성을 구구절절 설명하지 않더라도 독자가 이해하도록 만드는 것이 중요합니다. 당장 에피소드를 전개하는 데 필요한 설정이 아니라면 모든 것을 설명하기 보단, 적절히 서술합시다. 과잉 정보는 독자를 피곤하게 만들 뿐만 아니라 소설을 난잡하게 만듭니다.

❶ 개연성과 핍진성

소설을 쓸 때 배경을 설정해야 하는 근본적인 이유는 무엇일까요? 그것은 소설에 등장하는 캐릭터들이 사는 세계이기 때문입니다. 소설 배경은 그 세계에서 나고 자란 이들의 행동과 사고에 아주 많은 영향을 미칩니다. 또한 배경은 사건의 주 무대가 되기 때문에 이야기가 진행되는데도 영향을 줍니다. 즉, 배경은 인물의 말과 행동, 사건 진행 등 소설을 전개하는 근간이 됩니다. 배경을 허술하게 설정하면 인물의 말과 행동이 어색해지고 군데군데 설정 구멍이 발견되면서 독자의 몰입을 깨기 마련입니다. 기상천외한 설정을 쓰지 말란 게 아닙니다. 독자들이 충분히 납득할 수 있도록 이야기를 전개해 나가면서 설득하는 과정이 중요하다는 뜻입니다.

위에서 언급했던 엘프의 예시를 다시 가져와 볼까요? 소설 속에 이런 구절이 등장한다고 가정해 봅시다.

샷건을 든 엘프가 갑자기 총을 쏴 갈겼다.

흔히 독자들이 생각하는 엘프의 이미지와 들어 맞는 게 하나도 없습니다. 활을 쏘지도 않을 뿐만 아니라 우아하거나 점잖은 전투 방식도 아닙니다. 아무런 설명도 없이 갑자기 이런 구절이 튀어나오면 독자는 당황하기 마련입니다. 이 갑작스러운 설정을 조금 그럴싸하게 고치고 소설에 녹여봅시다.

데빈은 당황했다. 엘프 남성이 꺼내든 것은 활도, 단검도 아닌 잘 빠진 샷건
이었기 때문이다.
"엘프가 그런 걸 써도 되는 거야?"
"언제적 시대를 살고 있는 거냐?"
철컥, 총을 장전한 엘프는 여유롭게 샷건을 한 발 쏘며 말을 이었다.

"뭐가 됐든 명중만 시키면 그만 아니겠어?"

명중이었다. 수단이 변화했을 뿐 그들이 명사수라는 점은 변치 않았다.

대화와 서술을 통해 과거 엘프들은 독자들이 익히 아는 대로 활을 비롯한 냉병기를 써왔으나, 시대가 지나면서 다른 장비를 사용하게 되었다는 사실을 드러낼 수 있습니다. 통념을 반박하는 장면은 약간의 유머러스함을 살리기에도 용이합니다.

독자들은 작가가 그려낸 세계에 막 초대받은 낯선 사람들이고, 아는 바가 거의 없다고 가정하고 배경을 설명할 필요가 있습니다. 단, 이때 배경을 설명하고 개연성을 부여하는 것은 작가가 아닌 인물들을 통해서입니다. 설정을 토막내서 독자들에게 던져주기 보다는 장면을 통해서 보여주려고 노력하는 게 중요합니다.

❷ 이야기 진행에 정말로 이 설정이 필요한가?

이야기를 써 내려 가기 전, 소재를 구체화하고 배경을 정하다 보면 신이 나서 이런저런 설정을 짜게 되는 경우가 있습니다. 이것은 판타지 배경에만 국한되는 게 아니라 어떤 장르든 설정 짜는 것을 좋아하는 작가라면 어느 정도 해당하는 이야기입니다.

유념할 것은, 작가가 기획한 모든 설정을 굳이 독자에게 보여줄 필요가 없다는 사실입니다. 독자가 궁금한 것은 인물들과 관련된 이야기이지, 서사와 전혀 상관 없는 작은 마을 지명의 유래 따위가 아닙니다. 제아무리 유서깊은 가문의 설정을 짰다 하더라도 당장 이야기 진행에 필요한 게 아니면 집어넣지 마세요. 중요한 것처럼 조명한 배경이 실은 설정 놀음의 일부였던 것이 밝혀지면 소설은 걷잡을 수 없이 중구난방하게 느껴집니다. 항상 하고자 하는 이야기를 명확히 정해놓고, 그 이야기를 하는 데 필요한 정보만 푸는 습관을 들여야 합니다.

그럼 설정을 세밀하게 짜는 일이 가치가 없을까요? 절대 그렇지 않습니다. 말했듯 배경 설정을 얼마나 잘 녹이고 기술하냐에 따라 사건의 개연성과 인물의 매력도가 달라질 수 있습니다. 배경 설정을 대충하고 넘어가면 나중에 설정끼리 충돌하면서 설정 구멍으로 변질될 수도 있고요. 때문에 소설에서 모든 설정을 소개하지만 않을 뿐, 작가는 세밀한 설정집을 놓고 언제든 찾아볼 수 있게 준비하는 게 좋습니다.

❸ 자료 조사 하는 방법

모든 소설이 자료 조사를 요구하는 것은 아니지만, 세밀한 설정과 개연성, 그리고 충돌을 피하기 위해서라면 자료 조사는 필수입니다. 자료 조사는 어떤 장르를 쓰느냐에 따라 난이도가 천차만별입니다. 가령, 전문가물을 쓸 경우 리얼함과 더불어 전문가로서 겪을 수 있는 사건을 구상하기 위해 충실한 관련 자료가 필요한 편입니다. 그에 비해 판타지를 쓰려면 모티브로 삼거나 구상에 도움을 주는 각종 역사, 신화, 전설, 혹은 인문, 사회, 과학적 지식 및 자료가 범용적으로 필요합니다.

자료를 조사할 때, 이용하는 매체도 중요하지만 가장 중요한 것은 **'무엇을 조사할 지'** 입니다. 모르는 분야에 대해 뛰어든답시고 이것저것 문어발 식으로 조사하는 건 곤란합니다. 자료를 조사하겠다고 마음 먹었으면 지금 당장 내가 글을 써나가는 데 필요한 정보에는 무엇이 있는지 리스트를 적은 뒤, 하나씩 차근차근 조사하는 게 좋습니다.

가장 쉬운 조사 방법은 인터넷 검색과 유튜브 등을 참고하는 것입니다. 하지만 검색으로 자료를 조사하는 데는 어느 정도 한계가 있는데, 저는 검색을 통해 얻을 수 없는 정보는 대개 책 혹은 인터뷰를 통해 얻는 편입니다. 이후, 얻어낸 자료를 PC 소프트웨어 스크리브너를 통해 정리해 두는 방식으로 관리하고 있습니다.

TIP

문헌 조사 방법

앞서 언급했듯, 책은 자료를 찾는데 유용합니다. 그러나 인터넷 검색이나 유튜브 검색에 비해 접근성이 떨어지는 것도 사실입니다. 모든 책을 다 사서 볼 수 있다면 좋겠지만, 책을 사서 배송되기까지 시간도 걸리고 비용도 무시할 수 없습니다. 문헌 조사에 관한 팁을 하나 드리자면, 필요한 책을 구매하기 전, 동네 가까운 도서관을 먼저 확인해 보거나 전자 도서관을 활용하는 방법이 있습니다.

'교보문고 전자 도서관'은 서비스 등록된 각 도서관에 회원가입을 하면 전자 도서관을 이용할 수 있는 서비스입니다. 보통 대학 도서관 혹은 국가에서 운영하는 지역 도서관들이 등록되어 있기 때문에 가입해 두면 새벽 2시에 당장 집필하다가 참고 하고 싶은 책이 있는 경우에도 무료로 열람할 수 있다는 장점이 있습니다.

1) 교보문고 전자도서관 이용 방법

❶ 앱스토어에 '교보문고 전자도서관' 검색

e book을 대여해주는 도서관이기 때문에 PC 환경에서는 이용이 다소 불편합니다. 휴대폰이나 태블릿으로 이용하시는 것을 추천합니다. 안드로이드나 iOS 앱스토어에서 '교보문고 전자도서관'을 검색합니다.

❷ 도서관 검색

설치 직후 화면입니다. 각종 지역 도서관 및 대학 도서관, 그리고 가입이 허용된 전자도서관의 아이디와 비밀번호가 필요합니다. 저는 '경기도 사이버도서관'을 이용해 보도록 하겠습니다.

❸ 도서관에서 원하는 도서 찾기

경기도사이버도서관의 메인 페이지입니다. 원하는 도서를 직접 검색해볼 수도 있고, 베스트 자료나 신착 자료를 구경할 수도 있습니다. 도서관에 따라서는 분야별 책 보기 탭을 지원하기도 합니다.

저는 '트라우마 사전'이라는 책을 검색해서 대여해보도록 하겠습니다. 해당 도서는 2020년 4월에 출간된 도서이며, 캐릭터 조형에 도움이 될만한 정보들을 담고 있습니다.

❹ 앱스토어에 '교보문고 전자도서관' 검색

책을 대출하는 데 성공했습니다. 이제 자유롭게 자료를 찾고 참고하면 됩니다. 도서 관이기 때문에 책은 한정적으로 대여됩니다. 이미 여러 명이 대출 중인 책이면 대 출이 불가하며, 다른 이용자들이 반납할 때까지 기다려야 합니다. 예약을 하면 다른 이용자들의 책이 반납되는 순간 자동으로 대출이 됩니다. 책을 다 읽고 반납하기를 누를 수도 있지만, 반납을 잊어버린다고 해서 연체되는 시스템은 아닙니다. 대출 기 간이 지나면 책은 자동으로 반납 처리됩니다.

2) 전자도서관 찾기

최신 전자책을 무료로 빌려 볼 수 있다는 장점이 있지만, 대부분의 전자도서관들은 지역 주민들에게만 서비스를 제공합니다. 본인이 살고있는 지역의 도서관이 전자 도서관 서비스를 제공하는지 확인해 봅시다. 혹은, 대학 도서관도 전자도서관 서비 스를 운영하는 경우가 있습니다. 이 경우에는 졸업생도 이용할 수 있는 경우가 있 고, 아닌 경우가 있기 때문에 이용 전에 확인을 해봐야 합니다.

우리 지역 도서관에 보유한 책이 적거나 내가 찾는 책이 없나요? 그렇다면 구글에 '전자도서관 가입'이라고 검색해 봅시다. 너무 많아서 이 책에서 일일이 나열할 수 없지만, 해당 지역에 거주하지 않더라도 인터넷으로 회원가입을 받는 전자도서관들 을 찾을 수 있습니다. 내가 원하는 책이 있는 도서관에서(각 전자도서관 홈페이지에 들어가서 검색해 보는 건 회원가입이 필요 없습니다)회원가입을 합시다.

04 플롯 짜기

플롯이란 무엇일까요? 플롯(plot)의 사전적 정의는 '문학작품의 형상화를 위해 여러 요소를 유기적으로 배열하는 것'입니다. 쉽게 말해서 플롯은 사건들의 나열, 주된 줄거리를 의미합니다.

그렇다면 웹소설도 이러한 플롯을 짜야 하는 걸까요? 학창시절 수업 시간에 소설에 대해 배울 때 '기, 승, 전, 결', '발단, 전개, 위기, 절정, 결말' 등에 대해 들어보았을 것입니다. 웹소설도 결국은 소설이기 때문에 당연히 이야기에 기승전결이 있어야합니다. 제 아무리 연재가 장기화 될지라도, 결국 언젠가는 책을 끝내게 되어 있습니다. 특히 지속적으로 인세가 들어오는 대작 소설은 독자가 납득할 수 있는 깔끔한 결말을 맺어야 합니다. 몇 번 강조하고 있지만 다시 한 번 기억하세요! **웹소설은 연재 형식으로 회차 당 100원만 내면 볼 수 있기 때문에 단행본 전체를 사는 것보다 하차하기가 훨씬 쉽습니다.** 플롯을 제대로 짜지 않고 스토리가 중구난방으로 흘러가게 내버려두면, 결국 소설을 수습하는 게 불가능한 상황에 다다르고 독자들이 이탈하는 것을 실시간으로 마주하게 될 것입니다. 플롯은 소설이 산으로 가는 것을 막기 위한 최소한의 장치입니다.

그럼 플롯을 어떻게 짜야 하나요? 소설의 작법이나 플롯의 기본 요소 등을 기술하기에는 웹소설은 장르마다 특성이 너무도 다른 데다 각자 편한 방식이 있을 것입니다. 그래서 이번 장에서는 플롯을 짜는 원론적인 방법을 설명하기보단 제가 플롯을 짜는 방식과 팁을 소개하고자 합니다.

저는 주로 'XMind ZEN' 이라는 프로그램을 이용합니다. 원래는 마인드맵을 그리는 데 활용되는 프로그램이지만, 체계적인 구조도를 그리는 데 특화되어 있다는 특성 상 일목요연하게 플롯을 짜는 데 유용하게 쓸 수 있습니다. 이 프로그램의 장점은 무료라는 것입니다. 유료 버전도 있지만 무료로도 충분히 필요한 기능을 전부 사용할 수 있습니다. 지금부터 XMind ZEN 프로그램을 사용해서 플롯 짜는 방법을 소개하도록 하겠습니다.

1) 플롯 작성 추천 프로그램: XMind ZEN

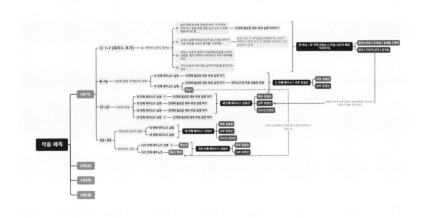

프로그램을 이용하여 플롯을 짠 모습

프로그램 설치하기

❶ XMIND ZEN 설치 ⋯▶ 새로 만들기에서 '트리구조도' 선택

인터넷에 XMind ZEN을 검색하면 무료로 다운받을 수 있습니다. 유료 버전도 있지만 플롯을 정리하는 데는 무료 버전으로도 충분합니다.

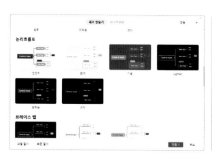

디자인 선택 화면과 적용된 모습

처음 논리흐름도를 클릭해서 새 파일을 만들면 다음과 같은 화면이 나옵니다. 타임라인 구조도도 나쁘진 않지만 개인적으로 한 방향으로 정렬된 것이 보기에 편해서 논리흐름도를 선호합니다.

❷ 서식 > 구조 > 구조도 모양 설정

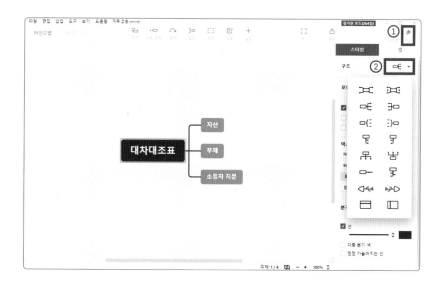

실은, 어떤 모양의 구조도를 선택하는지는 순진히 작가 마음이므로 보기 편한 것, 혹은 취향껏 선택하셔도 상관없습니다. 다른 모양의 구조도로 바꾸고 싶으면 서식에서 변경할 수 있습니다.

프로그램으로 플롯 짜기

아무리 좋은 프로그램을 이용하더라도 결국 내용을 쓰는 건 작가입니다. 이제부터 치열하게 고민해야 할 시간입니다.

❶ 프로그램 기초 사용법

상단에 보면 직관적으로 생긴 기능 버튼들이 있습니다. 이 버튼들의 기능에 관해 간략히 설명하자면 다음과 같습니다.

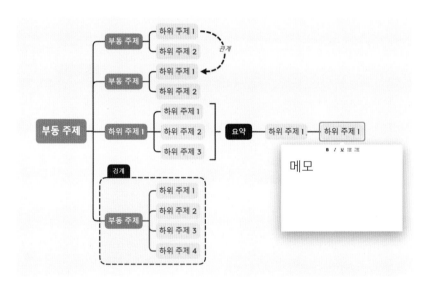

주제: 새로운 블록 형성

하위 주제: 새로운 블록을 하위에 형성

관계: 주제 간 화살표로 이어 관계에 관해 설명

요약: 주제를 괄호로 묶어 설명

경계: 주제를 포괄하는 사각형 테두리 형성

메모: 주제마다 세부적인 메모 형성(접었다 펼수 있음)

삽입: 각종 태그 추가, 미디어 추가, 웹페이지 추가 혹은 주제 추가하기(일부 기능 유료)

자주 쓰이는 단축키는 다음과 같습니다. 플롯을 작성하는 데는 아래의 단축키 정도만 알아두어도 큰 무리 없이 작업 가능합니다.

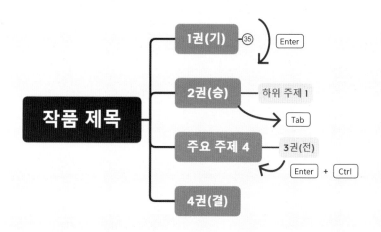

Enter: 같은 급의 새로운 주제 추가
Tab: 새로운 하위 주제 추가

Ctrl + Enter: 현재 주제를 하위로 옮기고 상위 주제 추가

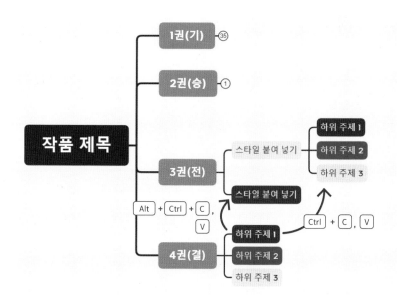

Ctrl + C: 주제 복사. 복수의 주제들도 드래그해서 복사 가능하며, 스타일이 그대로 유지됩니다.

Ctrl + V: 주제 붙여넣기. 적용된 스타일과 구조도 전체가 그대로 붙여넣기 됩니다.

Alt + Ctrl + C: 주제의 스타일(블록 색상과 폰트, 크기 등) 복사

Alt + Ctrl + V: 주제의 스타일 붙여넣기

이외에도 서식과 아이콘 탭에 다양한 기능들이 있습니다. 프로그램을 조금만 살펴보시면 어떻게 사용하는지 직관적으로 알 수 있기 때문에 프로그램 자체에 관한 설명은 이만 줄이도록 하겠습니다.

❷ 프로그램으로 플롯 짜기

아이콘 활용

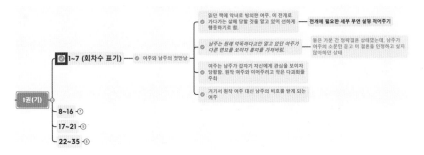

주요 에피소드의 간략한 개요를 적어두고, 작성을 끝마친 부분에는 아이콘을 추가해 표시하면 한 눈에 작업 진행 상황을 파악할 수 있습니다.

블록 색깔 활용

각종 색을 추가하거나 요약 기능을 통해 글을 쓰면서 강조하거나 빠뜨리지 말아야 할 내용을 표시할 수도 있습니다.

저는 기승전결 당 각각 하나의 트리를 배정해서 파고 내려가는 형식을 사용합니다. 기승전결 각 단계에 반드시 필요한 사건을 배분한 뒤, 이야기를 전개하는 데 필요한 회차별 분량과 주인공의 상태, 혹은 감정선을 추가로 서술합니다. 색을 바꿔 직관적으로 눈에 띄도록 만들어 줄 수도 있습니다.

메모 활용

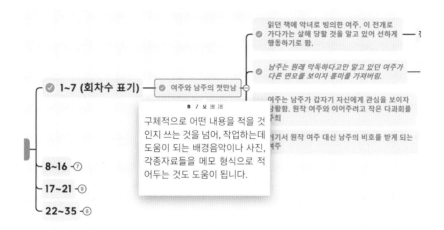

메모 기능을 통해 구체적으로 어떻게 이야기를 풀어나갈 것인지 뼈대를 정리해 두면, 연재 기간이 길어져도 헷갈리지 않고 이야기의 흐름을 이어나갈 수 있습니다.

큰 흐름을 잡다가 구체적인 서사가 떠오르면 **메모 기능**을 켜서 에피소드 안에 적어줍니다. 이외에도 회차가 거듭될수록 곳곳에 서술한 복선이 언제 회수되는지 가시적으로 표시해가며 클라이맥스나 반전 포인트를 조절하는 것도 가능합니다.

관계 활용

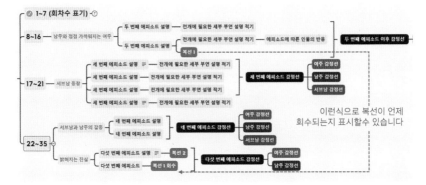

관계 기능은 이전 회차들에서 등장한 복선들을 언제 어떻게 회수할지 표시하는 데 아주 적합한 기능입니다.

특정 회차에서 나온 복선을 따로 색깔로 표시해둔 다음, 나중에 해당 복선이 등장할 회차에 **관계** 기능을 사용하여 화살표를 이어주는 방식으로 표시해둡니다. 각종 메모나 포스트잇을 이용하는 것보다 훨씬 간편합니다.

타임라인 구성

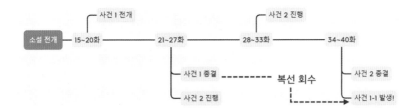

이런 식으로 타임라인을 만들어 사건을 안배하고 흐름을 확인할 때도 유용합니다. 에피소드를 배치할 때 사건이 끊이지 않도록 하면 좋습니다.

혹은, 다른 서식을 이용해 타임라인을 구상해 보는 것도 전반적인 줄거리를 구상할 때 유용합니다. 이야기의 흐름을 가시적으로 볼 수 있을 뿐만 아니라, 블록의 배치를 자유자재로 바꿀 수 있기 때문에 에피소드별 분량 안배에도 도움이 됩니다.

2) 플롯 짜는 요령

플롯을 짜는 것도 캐릭터를 설정하는 것과 유사합니다. 가장 큰 목표를 세운 뒤, 그 목표를 달성하기 위한 하위 목표들이 모여 하나의 이야기가 되는 것이죠. 그럼 플롯을 짤 때, 우리가 향해야 할 가장 큰 목표는 무엇일까요? 이것에 대해서는 각자 의견이 다를 수 있는데, 저는 **결말**을 플롯의 목표라고 상정하고 이야기를 풀어나갑니다. 소설을 쓸 때는 여러 이야기가 단 하나의 결말을 향해 달려가는 이야기를 쓰는 것을 지향하고 있거든요. 이 부분은 어떤 장르, 어떤 소설을 쓰냐에 따라 다르기 때문에 각자 생각해보는 시간을 갖도록 합시다.

어쨌든, 결말을 미리 정해놓든 아니든 간에 이야기에 목적성이 있어야 한다는 건 분명한 사실입니다. 이야기가 진행되긴 하는데 아무 목적도 없이, 일상만 보여주거나 인물들 주변만 묘사하다가 끝나면 십중팔구 '늘어진다', '재미없다', '하차합니다' 등의 댓글이 달릴 것입니다. 그러므로, 어떤 이야기를 쓸 때는 그 이야기가 소설 내에서 왜 필요한지 꼭 생각하고 글을 적어나가야 합니다. 원론적인 이야기는 여기까지 하고, 이제부터 플롯을 짤 때 도움이 될 만한 팁에 대하여 설명하도록 하겠습니다.

주인공이 등장하지 않는 회차는 최대 5회차 밑으로 분배하자.

기본적으로 웹소설은 주인공이 이끌어나가는 이야기입니다. 플롯을 짤 때쯤 되면 슬슬 각 에피소드 별로 회차를 분배할 텐데, 주인공이 20회차 가까이 등장하지 않고 주변 인물 이야기만 하면 독자들은 흥미를 잃기 시작합니다.

주인공이 혼자 남음 (1화)	⋯▸	동료들이 주인공을 찾아 나섬 (2~11화)	⋯▸	주인공과 재회 (12~15화)

주변 인물 이야기를 보여주지 말라는 게 아닙니다. 이야기를 끌어나가는 것은 주인공임을 작가가 항상 인지하고 있으며, 이야기를 보여주고 전개할 때 주인공의 상황과 적, 혹은 조연의 상황을 번갈아 가며 보여주면서 긴장감을 높이라는 소리입니다. 예를 들어 주인공과 동료들이 떨어져 있는 상황이라고 가정해 봅시다.

주인공의 동료들을 좋아하는 독자들이라면 이 구간도 흥미롭게 읽겠지만, 주 5회 연재라 해도 무려 2주간 주인공이 등장하지 않는다면 주인공의 팬인 독자들은 이탈을 고민할 것입니다. 이 플롯의 흐름을 더 빠르고 박진감 있게 만들고자 한다면, 다음과 같이 정리할 수 있겠죠.

주인공이 혼자 남음(1~2화)
혼자 남았을 때의 심경 / 위기를 돌파하기 위해 전략을 세움

⋮

동료들이 주인공을 찾아 나서기 시작(3~5화)
주인공을 찾지 못하는 이유 보여주기, 동료 측 돌파 전략 보여주기

⋮

혼자 남은 주인공의 고군분투(6~8화)
잘 살아남고 있지만 슬슬 한계에 부딪힘
지쳐가는 주인공을 통해 동료들의 중요성을 어필하기

⋮

주인공과 만나기 직전의 동료들(9~11화)
주인공의 소재지를 파악해 곧 만날 수 있을 것 같은 분위기 조성
그런데 그가 위기에 처했을 수도 있다는 걸 알게 됨. 다급한 분위기 조성

⋮

주인공의 전투(12~13화)
활약하는 듯 하다가 절체절명의 위기에 처해버림

⋮

동료들과의 재회(14~15화)
바로 그 순간 주인공이 있는 곳에 도달해서 목숨을 구해주는 동료들.
회포를 풀기 이전에 여전히 전투 상황.

평면적이고 다소 늘어지는 듯한 플롯이 조금 더 긴장감 있게 변했습니다. 양쪽의 상황을 번갈아 가며 보여주면서 금방이라도 만날 듯, 긴장감을 조성하다가 목숨이 위협받는 상황을 그려내 긴장을 최고조까지 끌어올립니다. 그리고 앞서 동료들 이야기를 전개할 때 깔아두었던 복선이나 인물의 특성을 활용하여 위기를 해소하면 독자에게 재미를 주는 한편 개연성까지 확보할 수 있습니다. 장면 전환이 한 회차 안에서 너무 자주 일어나면 정신없을 수 있지만, 몇 회차에 걸쳐 한 장면과 사건이 진행되고 다음 장면으로 전환되면 박진감을 불러일으키는 식으로 활용하는 게 가능합니다.

물론, 이것은 하나의 예시일 뿐입니다. 플롯의 완급 조절은 장르, 작가의 성향, 써야 할 장면에 따라 크게 달라지기 때문에, 이 부분은 직접 많이 써 보면서 감을 익히는 수밖에 없습니다.

소설 분기점과 클라이막스는 후반부에 배치하자.

소설을 쓰다 보면 어떤 에피소드들은 주인공을 크게 변화시키거나 앞으로의 소설 전개에 큰 영향을 미칩니다. 클라이막스와는 은근히 성질이 다른데, 이런 에피소드는 소설을 통틀어 여러 개가 존재할 수 있기 때문입니다. 저는 이 에피소드들을 '**소설 분기점**'이라고 부릅니다.

플롯을 짤 때 기승전결 각 단계 별로 가장 기억에 남고 중요한 분기점 에피소드를 하나 집어넣는 편입니다. 분기점 에피소드들은 각 단계의 작은 절정이라고 일컬어도 손색이 없습니다. 또한 '절정'이 위치하는 건 결말 바로 전입니다. 최고조에 이른 갈등이 해소되면 소설은 소강상태를 맞이합니다. 그래서 '분기점' 에피소드와 절정은 각 에피소드 혹은 소설의 후반부에 넣는 것을 추천하는 편입니다. 갈등이 해소되면 흥미를 잃는 독자들이 상당하기 때문입니다.

로맨스를 예로 들어볼까요? 로맨스 소설의 주제는 두 남녀의 연애사입니다. 둘이 어떻게 사랑하고 싸우다가 이어지고 행복하게 사는가가 주된 내용이죠. 로맨스 소설에서 '분기점'에 해당하는 에피소드는 마음을 자각하는 것, 싸우는 것, 혹은 오해하는 것 등이 있을 것입니다. 그리고 로맨스 소설의 클라이막스는 '둘이 서로의 마음을 확인하고 사랑하게 됨'이겠죠.

그래서 단행본을 기준으로 사건을 배치한다면, 1권 마지막쯤에 싸우는 에피소드를 배치합니다. 그리고 화해하기 전에 1권을 끝냅니다. 독자들은 궁금해서 다음 권을 펼쳐 보겠죠. 화해하고 새로운 국면을 맞이한 둘은 2권 마지막에서 또 오해하기 시작합니다. 이런식으로 분기점이 되는 에피소드를 권별, 혹은 전개 단계의 후반부에 배치하면 독자의 궁금증을 끊임없이 유발하는 데 유리합니다. 그리고 로맨스 소설의 최종 목표인 '성사'는 가급적 후반부, 마지막 권쯤에 넣어서 끝까지 읽게 만드는 겁니다. 실제로, 독자들 중에 성사된 이후로 재미가 급감하여 보다 말았다는 평을 다는 이들도 많습니다. 이야기의 완급 조절과 별개로, 갈등과 해소를 적절히 배치하는 것도 플롯을 잘 짜는 기술 중 하나입니다.

끊이지 않는 떡밥

분기점이 되는 중요한 사건을 후반부에 배치하라는 말은 이해했습니다. 그렇지만 언젠가 에피소드가 종결되고 소강상태를 맞는 걸 피하기는 어렵습니다. 안타깝게도 박진감 넘치는 에피소드가 끝나고 평화로운 분위기가 오래 지속 되는 것도 독자 이탈의 요인 중 하나입니다. **큰 사건이든 작은 사건이든, 소설 속에서 사건을 전개할 때는 언제나 다음, 그리고 그 다음 사건을 전개할 준비를 하고 있어야 합니다.**

이는 잘 짜인 연극과도 비슷합니다. 한 장면이 끝났다고 해서 다음 장면이 이어지지 않고 배우들이 어수선하게 굴면 관객들의 만족도가 낮아지겠죠. 이야기와 긴장감이 끊임없이 이어져야 합니다. 평화로워지려는 찰나, 앞에서 흘렸던 떡밥이나 복선을 회수하면서 새로운 갈등을 조장하세요. 혹은 한 에피소드에 두 개의 갈등을 조장하면서 갈등 하나가 끝나도 아직 완전히 끝난 게 아니라는 인상을 심어주세요. 쉬운 테크닉은 아니지만, 끝까지 읽게 만드는 것이야말로 곧 필력과 직결됩니다. 손을 뗄 수 없는 소설을 쓰려면 많은 노력이 필요합니다.

3) 시놉시스 쓰기

플롯을 짰으니 이제 시놉시스 쓸 차례입니다. 플롯은 글의 설계도, 시놉시스는 그 설계도를 요약한 설명서라고 생각하는 편입니다. 시놉시스를 쓰지 않고 바로 작업에 들어가도 무방하지만, 단행본을 내든 유료 연재를 하든 작품을 출판사와 계약하려면 간략하게나마 시놉시스를 제출해야 합니다. 혹은, 투고를 하거나 공모전에 작품을 낼 때도 '시놉시스 제출' 조건이 따라붙곤 합니다. 즉, 시놉시스를 쓰는 것은 웹소설을 쓸 때 피해갈 수 없는 과정이라는 뜻입니다.

시놉시스에 분량 제한은 없지만 한 장에서 다섯 장 사이로 작성하는 게 좋습니다. 시놉시스는 말 그대로 작품 요약집이라고 생각하면 편합니다.

·········· 시놉시스 양식 ··········

시놉시스	
제목	작품 제목을 씁니다.
분량	예상되는 완결 분량을 씁니다. (약 n만자, n회차)
작가	작가명을 씁니다.
출판사	(투고 혹은 공모전 제출이면 이 항목은 없어도 됩니다)
키워드	장르에 따라 다르겠지만, 여성향의 경우 키워드가 굉장히 세분화되어 있습니다. 주력으로 판매하고자 하는 플랫폼에 들어가서 키워드를 검색해보고, 내 작품에 해당사항이 있는 키워드는 전부 적어줍니다.
소개글	연재시 썼던 소개글, 혹은 작품이 어떤 내용인지 간략히 소개하는 글을 적어줍시다.
등장인물	메인이 되는 주인공, 주요 조연, 그리고 주요 악역 이렇게 적으면 됩니다. 소설에서 제외하면 이야기를 설명할 수 없을 만큼 중요한 캐릭터만 적습니다.
시놉시스	발단, 전개, 위기, 절정, 결말 및 기승전결 등 소설의 진행 단계를 표기할 수 있는 소제목을 적고 그 안에 주요 에피소드 위주로(언급했던 소절정들 혹은 클라이막스) 요약해서 서술하면 됩니다.

시놉시스를 제출하면 무조건 그대로 써야하나요?

아니오! 실제로 시놉시스를 제출하고도 소설이 그대로 진행되지 않는 경우가 잦습니다. 시놉시스를 그대로 따라가면 베스트이지만, 작품은 생각보다 마음대로 되지 않습니다. 연재를 하다 보면 독자들의 반응을 의식해서 새로운 에피소드가 추가되기도 하고, 심하면 결말이 수정되기도 합니다. 그렇지만 될 수 있으면 분명한 노선을 잡아놓고 이탈하지 않도록 노력하는 게 좋습니다. 지침이 없으면 작품이 흔들리기 마련입니다.

시놉시스 분량이 안 줄어들어요.

위에서 다섯 장 정도가 적절하다고 언급했지만, 작품이 700화가 넘어가는 장편이라면 다섯 장 안으로 요약하기 어려울 수도 있습니다. 분량이 길어진다고 해서 지나치게 스트레스 받을 필요는 없습니다. 문장을 최대한 간결하게, 인과관계와 흥미 요소 위주로 적어보세요. 어느 한 문장이라도 뺐을 때 내용을 이해하는 데 무리가 없을 정도로 이야기를 간결히 요약하는 연습이 필요합니다. 시놉시스를 읽고 출판사 측에서 재미와 상업성을 느껴야 계약할 수 있기 때문에, 요약하되 셀링 포인트를 잘 살려서 서술하는 데 집중합시다.

다음 장의 시놉시스는 제가 작품을 구상할 때 적었던 시놉시스 중 하나입니다. 예시를 참고해서 나만의 시놉시스를 구성하며 연습해 봅시다.

시놉시스 예시

제목	천재 재벌 학자의 아내로 취직했습니다		
분량	약 40만자, 100화 분량		
출판사	A 출판사		
작가	파란 나비		
키워드	장르	로맨스 판타지	
	관계	나이차 커플, 사내 연애, 비밀 연애, 갑을 관계, 운명적 사랑, 계약 연애/결혼	
	남자 주인공	츤데레남, 조신남, 뇌섹남, 능력남, 재벌남, 다정남, 순정남, 철벽남, 존댓말남	
	여자 주인공	능력녀, 사이다녀, 능글녀, 애교녀, 유혹녀, 상처녀,	
	소재	초능력, 초월적 존재, 동거, 조직/암흑가, 권선징악, 천재	
소개글	이세계와 교류가 활발해진 오늘날. S급 유능한 능력자 서희수는 다른 차원에서 온 학자, 타리크의 경호를 맡게 된다. 무슨 말인지 모를 어려운 학술 용어나 늘어놓는 이 남자, 실은 정략결혼을 피해 도망 온 거라는데. 타리크는 원치 않는 상대와의 결혼을 피하기 위해 희수에게 거액의 돈을 주며 연인인 척 해줄 것을 부탁한다. 정략결혼을 막기 위한 계약 연애, 과연 성공할 수 있을까?		
주요인물	타리크	다른 차원에서 온 학자. 환상생물학을 연구하고 있으며 동물을 아주 좋아한다. 정략결혼 상대가 있으며, 혼기가 차자 슬슬 집안에서 결혼 이야기가 오가면서 골치 아파진 상태. 결혼을 피하려고 머나먼 차원까지 도망나왔으나, 인생이 쉽게 풀리지 않는다. 연애에 관해서라면 목석같은 남자지만 제법 순진한 구석이 있다. 연구를 오래 하려면 몸이 건강해야 한다는 명목 하에 주기적으로 운동을 해서 키도 크고 몸이 좋다.	
	서희수	S급 능력자이자 경호 업체에서 일하고 있다. 목표는 빨리 돈을 벌어 은퇴하고 여유로운 삶을 사는 것. 한 번뿐인 인생, 즐기자고 생각하나 집을 사느라 대출이 생겨버려 당분간은 일에 매진해야 하는 상황이다. 잘생겼지만 재수없는 학자, 타리크에게 관심이 생기려던 찰나, 그가 거액의 돈을 주고 연인 행세를 해달라는 부탁에 덜컥 수락해버렸다.	
	리엔	타리크의 약혼녀. 제법 명문가의 아가씨이다. 타리크의 집안을 보고 결혼 제안에 응했지만, 그의 얼굴과 인품을 본 순간 첫눈에 반해 반드시 남편으로 삼겠다는 의지를 다진다.	
	이진수	서희수의 상사. 경호 업체에 오래도록 몸 담고 있다. 희수를 오래도록 마음에 품고 있었지만, 돌연 그녀가 타리크의 경호 업무를 종료하고 연애하기로 했다는 소식에 놀라고 만다.	

이세계 학자와의 만남

환상생물학자 타리크는 결혼으로부터 도피할 겸, 아직 연구하지 않은 생물이 가득한 새로운 행성 지구로 떠난다. 아직 새로운 지구가 어떤 환경인지 모르기 때문에 그는 도착하자마자 자신을 보호해줄 경호원부터 섭외한다.

한편, 지구는 이능력자들의 변이가 활발해져, 강한 능력자들 대부분은 군대나 경호 업체 등에서 일하고 있는 실정. 어릴 적 능력이 발현되어 사회에서 반쯤 격리된 후, 쭉 경호 업체에서 일하던 희수는 이계의 학자 경호 업무를 맡게 된다. 거액의 의뢰금을 준 만큼 의욕이 넘쳤던 그녀. 그렇지만 깐깐한 학자 타리크와 사사건건 부딪치게 된다.

구출

지구에 환상 생물을 연구하러 온 만큼, 타리크는 위험을 감수하고 환상 생물을 조사하러 떠난다. 희수가 해야 할 일은 조사 도중 위험할 수 있는 상황으로부터 그를 보호하는 것. 동물이 아닌 환상 생물 같은 게 지구에 있는지 의아해하던 도중, 희수는 환상 생물이라는 것의 정체가 능력자들과 함께 지구에 발생한 괴수라는 사실을 알게 된다.

겁 없이 괴수들의 근거지로 들어가 연구하는 타리크를 덮친 괴수를 처리한 그녀는 타리크에게 따끔하게 경고한다. 어릴 적에는 센터에서, 커서는 경호 업체에서 일하는 만큼 괴수 처리에는 제법 일가견이 있던 것. 타리크는 미안하다고 사과를 한다. 둘 사이의 묘한 기류.

타리크의 약혼녀

그런데 타리크에게는 약혼녀가 있었다. 그녀 또한 타리크와 마찬가지로 이계의 귀족이며, 고매하고 기품있는 외모를 자랑하는 아가씨. 타리크가 지구로 도망 온 것을 보고 그를 쫓아 지구에 따라왔다. 먼 우주에서 쫓아온 약혼녀가 자신에게 달라붙자 눈에 띄게 당황하던 타리크는 엉겁결에 파혼을 해야 할 것 같다고, 실은 지구에서 애인이 생겨버렸다며 옆에 있던 희수의 팔짱을 낀다. 어처구니 없지만 경직된 타리크의 모습을 처음 보는데다 조금 귀엽기도 하고, 우선은 그에게 돈을 받고 일하는 처지였기 때문에 희수는 제법 능숙하게 타리크의 연인인 척 해준다. 놀란 약혼녀. 약혼자가 불륜하는 것도 모자라 파혼 당한 것에 모욕감을 느낀다.

시놉시스	1권 (기)	

계약 연애 제안

타리크는 자신의 사정을 설명하면서 희수에게 리엔과 정식으로
파혼할 때까지만 연인 행세를 해달라고 부탁한다. 얼마를 줄 건지
물어보는 희수. 타리크는 돈이라면 원하는 만큼 줄 테니, 제발 리
엔과 결혼하지 않게만 해달라고 한다.

계약 연애

계약 연애랍시고, 희수는 타리크를 놀려주기 위해 우중충한 학자
옷은 벗기고 지구의 세련된 옷들을 걸쳐준다. 원 없이 쇼핑하고 가
짜 연인을 꾸미며 즐거움을 느끼는 희수. 살면서 데이트란 건 처음
해본 타리크는 퍽 나쁘지 않은 경험이라고 생각한다. 점점 둘 사이
에 계약 이상의 감정이 싹트기 시작한다.

서브남 등장

희수를 짝사랑하던 직장 상사 이진수. 그는 갑자기 희수가 회사를
그만두겠다고 말해 충격을 받은 상태이다. 그리고 그 이유가 고객
이었던 타리크가 거액의 돈을 지불하고 그녀에게 연인 행세를 해
달라고 요구한 것임을 알게 된다. 진짜 연애는 아니니 괜찮을거라
고 생각하면서도, 둘이 데이트하는 모습을 보고 괜찮을 리 없다고
생각을 고치게 된다.

2권
(승)

방해하는 약혼녀 (1)

타리크의 마음을 어떻게든 되돌리기 위해 약혼녀 리엔의 방해 작
전이 시작된다.

방해하는 약혼녀 (2)

그렇지만 그럴수록 그녀의 속물적인 근성, 사랑없는 결혼을 원하는 면이 부각되면서 타리크의 마음은 희수 쪽으로 기울게 된다. 이 순수한 지구인은 나름의 상처도 갖고 있지만 밝고 씩씩하며, 무엇보다 돈으로 산 관계임에도 불구하고 자신을 따뜻하게 잘 대해주기 때문에. 돈으로 관계를 산 것을 철회하고 싶다는 생각을 떠올리게 된다.

그러던 중 약혼녀는 희수를 남의 남자를 가로챈 여자 취급하며 말싸움을 붙이다가 뺨을 때린다. 타리크는 희수가 뺨을 맞는 것을 보고 만다.

관계 진전

리엔의 경솔한 행동에 타리크는 불같이 화를 낸다. 얌전한 학자인 줄 알았던 그가 처음으로 무섭게 화를 내는 모습을 보인 것. 타리크는 희수에게 미안하다고 사과하며 괜찮은지 살피고, 그녀를 데리고 자리를 떠난다. 괜찮다고, 익숙하다고 덤덤히 말하는 희수. 어떻게 괜찮을 수 있냐고 진정으로 화를 내주는 타리크에게 끌림을 느낀다. 능력자가 된 이후, 그녀의 인생에서 능력으로 평가하지 않고 인간적 대우를 해주고 함께 화를 내주는 건 타리크가 처음이었으므로. 둘은 서로를 마음에 담게 된다.

파혼

타리크는 공식적으로 파혼을 선언한다. 리엔이 울면서 사과도 하고, 화도 내보지만 이미 마음이 기울어서 소용이 없다. 그리고 희수는 파혼할 때까지만 관계가 유지되는 것이 계약의 조건이었으니, 이제 계약이 끝나는 건지 심란해한다.

3권
(전)

보복

분에 찬 리엔. 그리고 타리크가 파혼 선언한 것을 들어버린 이진수. 그저 계약관계인줄 알았는데, 두 사람이 정말로 사랑하고 있는 것처럼 보여 충격을 받은 상태이다. 희수를 설득해보려고 했으나 희수는 이미 타리크를 사랑한다고 말해버렸다. 진수와 리엔은 둘을 갈라놓고 싶다는 공동의 이해관계 하에 손을 잡는다. 진수가 희수를 센터에 신고해버린 것. 희수는 타리크를 지키기 위해 지정 구역 밖에서 능력을 함부로 쓴 것이 적발되어 끌려간다.

구출 작전

계획대로라면 진수는 구금된 희수를 구해 자신이 그녀의 흑기사가 될 생각이었다. 그러나 희수에게 보복하길 원하는 리엔은 진수도 배신하고 희수가 빠져나올 수 없도록 손을 쓴다. 타리크는 사랑하는 희수를 위해, 그녀를 구하기 위해 나선다. 환상 생물 지식을 총 동원해, 지구에서 연인을 구하기 위한 구출 작전이 시작된다.

탈출

센터에 잠입하는데 성공한 타리크. 희수를 구출하는데 성공한다. 그러나 희수는 이미 지구에서는 범법자가 된 상황. 결국 타리크는 감옥에 갇힌 그녀에게 자신의 약혼 반지를 끼워주며 자신의 고향으로 가자고, 어차피 집안 어른들이 어떻게든 결혼 시키려 할테니 자신과 결혼해 달라고 프로포즈 한다. 희수는 타리크의 제안을 받아들이고, 능력을 이용해 그와 함께 감옥에서 멋지게 탈옥한다.

결말

이계에서 행복하게 살아가는 둘. 해피엔딩.

4권
(결)

✏️ 05 소설 쓰기

　플롯과 시놉시스를 다 썼으니 이제 정말로 소설을 쓰는 일만 남았습니다. 소설을 쓰는 방법에 뭐 별 게 있나요. 그냥 어디든 글을 쓰기만 하면 됩니다. 그렇지만 저는 항상 어떻게 하면 조금 더 편하게 글을 쓸 수 있을지 궁리하는 편입니다. 기왕이면 효율적으로, 글쓰기에만 집중하는 환경을 만들고 싶어서 여러 프로그램을 옮겨 다니다가 마침내 프로그램 하나에 정착했습니다. 제가 쓰는 프로그램은 **'스크리브너'**라는 프로그램으로, 이번엔 스크리브너를 이용해 글 쓰는 방법을 소개할까 합니다.

　이 프로그램이 정석이라고 주장하는 건 아닙니다. 각자의 환경에 맞는 편리한 프로그램이 있는 법이고, 저는 그중에서 글을 관리하기 효율적이라고 생각하는 프로그램을 소개하는 것입니다. 언제나 본인 손에 맞는 프로그램이 가장 좋은 프로그램임을 잊지 맙시다.

1) 스크리브너란?
*윈도우용 스크리브너 기준으로 작성되었습니다.

제가 실제로 사용하는 작업 화면입니다.

　스크리브너는 우리에게 친숙한 워드나 한글과 마찬가지로 글쓰기를 위해 개발된 프로그램입니다. 유료 프로그램이기 때문에 '글을 쓰려면 무조건 사는 게 좋습니다!'라고 말하지는 못해도, 한 번 사면 돈 값 한다고 자신 있게 말할 수 있습니다. iOS 버전으로도 출시되어 있으며 맥과 윈도우, iOS는 각각 따로 프로그램을 구매해야 합니다. 윈도우용 스크리브너는 할인 없이 구매하면 약 6만 원 정도지만, 학생 할인이나 쿠폰 등을 이용해 그보다 조금 더 저렴하게 구매할 수 있습니다. 한글과 컴퓨터가 다운로드형 기준 7~8만 원인 것에 비하면 약간 더 저렴하다고 할 수 있겠습니다. 50% 가까이 세일을 할 때도 있으므로, 구매할 의향이 있다면 꼼꼼히 살펴보시길 바랍니다. 스크리브너는 컴퓨터 한 대당 하나씩 설치 가능하고, 컴퓨터를 바꾸게 되는 경우 굳이 새로 살 필요 없이 시리얼 번호만 다시 인증해주면 그대로 사용할 수 있습니다. 단, 이전 컴퓨터에서는 더 이상 프로그램이 작동하지 않게 되니 참고하시길 바랍니다. 인증 번호가 메일로 날아오기 때문에 메일을 따로 보관해 두는 것을 추천합니다.

여기까지 들어보면 한 번 써보고 결정하고 싶은데 가격 때문에 망설여지시는 분도 계실 거라고 생각합니다. 스크리브너는 'Literature and Latte' 홈페이지에서 체험판 다운로드도 가능합니다[1].

한 번 체험판을 다운 받으면 30일을 사용할 수 있으며, 구독제가 아닌 영구 라이센스입니다. ios 버전은 약간 더 저렴한데, 클라우드 연동을 통해 컴퓨터에서 작업하던 것을 동기화 후 아이패드에서 이어서 작업할 수 있습니다. 아쉽게도 안드로이드 버전은 아직 출시되지 않았으나, 곧 출시 예정이라고 하니 참고 바랍니다.

스크리브너의 장점

❶ 원고 관리에 용이함

연재 형식으로 글을 쓰다 보면 글이 잘 진행되는가와는 별개로 폴더가

---

1   https://www.literatureandlatte.com

스크리브너 문서 관리 화면

점점 지저분해지기 마련입니다. 몇백 편에 달하는 한글 파일을 회차 별로 저장하는 것도 꽤 귀찮은 일이지만, 이전 회차 내용을 검색하고 싶으면 통합 파일을 하나 만들어 둬야 합니다. 5,500자 한글 파일 기준, 한 편에 대략 6페이지에서 7페이지 정도 되기 때문에 100회차만 넘어도 600페이지가 훌쩍 넘어버립니다. 이만큼 내용이 길어지면 스크롤바도 너무 작게 줄어들 뿐만 아니라 렉이 걸리기 시작합니다. 그렇다고 해서 원고 통합 파일을 여러 개로 분리하다 보면 통합 파일을 만드는 목적인 검색 기능이 약해질 뿐만 아니라, 안 그래도 지저분한 폴더는 더욱 난잡하게 변해버리고 맙니다.

출판사와 교정을 주고 받기 때문에 한글과컴퓨터 프로그램을 아예 사용하지 않는 건 아니지만, 스크리브너를 쓰면 적어도 원고 통합 파일을 만들거나 회 차 별로 수많은 파일을 만들어서 관리할 필요가 없습니다. 스크리브너의 최대 강점 중 하나라고 생각합니다. 바인더 안에 무수히 많은 폴더와 문서 파일을 만들 수 있고, 하나의 프로젝트 안에서 통합하여 관리할 수 있습니다. 또한 문서 파일 안에 새로운 문서를 만드는 것도 가능합니다. 저는 주로 30회차를 기준으로 분할해, 1권(폴더) - 챕터(문서) - 회차(문서) 순서로 관리합니다.

❷ 강력한 검색 기능

검색 기능 덕분에 원고 통합 파일을 만들 필요가 없습니

스크리브너 검색 화면. 어느 문서에서 해당 단어나 구절이 쓰였는지 보여줍니다.

다. 바인더 위에 위치한 검색 아이콘을 눌러 직접 찾고자 하는 내용을 입력해도 되고, 단축키인 Ctrl + F를 눌러 좀 더 세부적으로 검색할 수도 있습니다. Ctrl + F를 통해 Find 창을 열면 찾기 뿐만 아니라 단어 대체를 할 수 있고, 문서 전체 혹은 선택한 텍스트 내에서 검색을 할 수도 있습니다. 대체로 한글과 컴퓨터에 있는 기능과 유사합니다. 바인더에 위치한 검색 아이콘은 어떤 문서에서 해당 단어가 등장했는지 검색할 때 사용하고, Ctrl + F 기능은 한 문서 내 어디에서 해당 단어가 등장했는지 검색하거나 특정 단어 변환을 할 때 주로 이용합니다.

저는 각 회차 별로 문서 제목을 지정하기 때문에, 특정 등장인물이나 대사를 검색해서 몇 회차에 언급되었는지 확인할 때 유용하게 사용합니다. 특히, 과거에 인물이 했던 발언을 인용하거나 회상하는 장면을 쓸 때 몇 회차에서 어느 맥락 안에서 발화했는지 찾을 수 있기 때문에 작업이 편해집니다.

❸ 기본 서체 및 자간, 배경 색 등 자유롭게 커스텀 가능

개인적으로 한글과컴퓨터의 기본 서체인 함초롬바탕과 기본 자간은 조금 가독성이 떨어진다고 생각합니다. 게다가 한글 배경은 흰색으로 지정되어 있기 때문에 오랜 시간 들여다보고 있으면 눈도 피곤해집니다. 한글에서도 서식을 바꾸는 방법이 있지만 제법 복잡합니다. 스크리브너는 프로그램 설정창에서 배경 및 서식을 바로 바꿀 수 있어서 한글보다는 작업 환경을 바꾸는 게 약간 더 수월합니다. 특히, 연재처의 모바일 화면과도 비슷하게 구현할 수 있는 것은 큰 장점입니다.

기본 화면은 눈이 아파서 어두운 화면으로 해놓고 작업을 합니다. 집중도 잘 되고 눈의 피로도 덜합니다.

❹ 강력한 백업 및 동기화 기능

스크리브너를 써야하는 가장 큰 이유 중 하나라고 생각합니다. 수시로 자동 저장을 해주는 동시에 저장한 파일을 클라우드와 연동하면 어디서든 파일을 열어볼 수 있습니다. 한글은 복구용 임시 파일을 자동 저장하는데 비해 스크리브너는 프로젝트를 통째로 자동 저장해줍니다. 저는 2초간 아무것도 입력하지 않으면 프로젝트가 자동으로 저장되게 설정해 뒀습니다. 특히 iOS나 맥 등 다른 OS에 스크리브너가 있는 경우 OS간 이동도 손쉽게 가능합니다. 저는 아이패드에서 사용하기 위해 iOS 버전 스크리브너를 구매했고, 휴대용으로 노트북 대신 아이패드를 들고 나가서 작업한 뒤 윈도우로 다듬는 편입니다.

❺ 스냅샷 기능

스크리브너에는 문서를 통째로 사진 찍듯 저장하는 기능이 있습니다. 가끔 글을 쓰다보면 초고의 반 이상을 갈아엎고 싶은 충동을 느끼거나, 실제로 상당 부분을 다시 써야하는 상황이 발생하곤 합니다. 이럴 때 새로 파일이나 문서를 만들어도 되지만 스냅샷 기능을 이용하면 초고 상태의 문서를 저장하고, 마구 수정해도 언제든 롤백 버튼을 눌러 이전에 저장해둔 상태로 돌아갈 수 있습니다. 스냅샷은 여러 번 찍을 수 있기 때문에 몇 번이고 문서를 고쳐도 상관 없고, 비교 기능이 있어 문장의 어느 부분을

스냅샷 기능은 퇴고할 때 빛을 발합니다. 퇴고 과정별로 원고가 어떻게 변화하는지 확인하기 좋습니다.

얼마나 고쳤는지 가시적으로 확인할 수 있습니다. 지운 부분은 빨강, 새로 추가한 부분은 파랑으로 표시됩니다. 한글에도 수정 사항을 표시하는 유사한 기능이 있긴 하지만 수정 버전을 여러 개 만드는 건 불가능한 점이 약간 아쉬운 편입니다.

스냅샷 기능은 좌측의 i아이콘을 누른 뒤 나타나는 탭에서
카메라 모양 아이콘을 누르면 사용할 수 있습니다.

❻ 화면 분할 기능

스크리브너의 가장 매력적인 기능 중 하나입니다. 작품의 시놉시스든 트리트먼트든 회차별로 써야할 내용이나 에피소드별 흐름을 수시로 체크해가면서 써야 하는데, 파일을 여러 개 띄워놓고 작업하는 건 아주 번거롭습니다. 스크리브너에서는 화면을 분할해서 양쪽에 다른 문서, 혹은 동일한 문서를 띄우는 기능을 지원하며, 한 번 써보면 신세계를 경험할 수 있습니다. 개인적으로 가장 마음에 드는 기능 중 하나입니다. 가끔 화면이 둘도 모자라다고 생각될 때가 있는데, 그럴 때는 옆의 정보 탭에서 문서 별 메모와 요약을 볼 수 있는 탭을 켜서 추가적으로 공간을 활용할 수 있습니다.

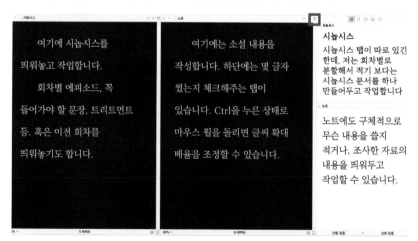

화면 분할은 우측 상단의 아이콘을 누르면 됩니다. 이후 분할된 화면을 선택한 후 생성한 문서를 클릭하면 화면별로 다른 문서를 씌울 수 있습니다.

❼ 코르크보드 기능

한 폴더, 혹은 문서 안에 있는 하위 문서들을 제목과 요약 형태로 보여주는 기능입니다. 코르크보드에 메모지를 붙여두는 것 같은 디자인처럼 설정되어 있어 코르크보드라고 부릅니다. 문서별로 색이나 원고 상태를 지정해줄 수 있습니다. 저의 경우 전투씬, 특정 캐릭터 등장, 혹은 수위(!)가 등장하는 회차를 색으로 분류해서 전체 이야기 중 얼마만큼의 비중을 차지하는지 구분할 때 사용합니다.

이런 식으로 과거 회상씬과 현재를 구분하는 타임라인을 만들 수도 있습니다.

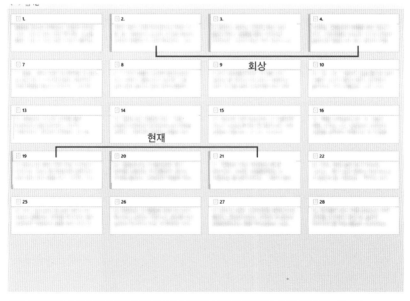

혹은 전투씬이나 회상씬이 전체 회차 중 얼마나 많은 비중을 차지하는지도 확인 가능합니다.

2) 스크리브너로 소설 쓰기

기본 설정 바꾸기

파일	편집	삽입	보기	탐색	프로젝트	문서	형

새 프로젝트...	Ctrl+Shift+N
열기...	Ctrl+O
최근 프로젝트	▶
즐겨찾는 프로젝트	▶
즐겨찾기에 프로젝트 추가	
파일 탐색기에 프로젝트 표시	
응용 프로그램 지원 폴더 표시	
프로젝트 닫기	Ctrl+F4
모든 프로젝트 닫기	Ctrl+F5
저장하기	Ctrl+S
다른 이름으로 저장...	Ctrl+Shift+S
검색 색인 저장 및 다시 작성	Alt+Shift+S
수입	▶
내보내기	▶
동기화	▶
백업	▶
템플릿으로 저장하기...	
페이지 설정...	Ctrl+Shift+P
인쇄 설정...	Alt+F3
인쇄 미리보기...	Win+Alt+Shift+P
현재 문서 인쇄	Ctrl+P
컴파일...	Ctrl+Shift+E
옵션...	Ctrl+,
끝내기	Alt+F4

처음 스크리브너를 실행하면 하얀 화면이 반겨줄 것입니다. 최근 윈도우용 스크리브너도 업데이트를 해서 이제 프로그램 전체가 한글화 되었지만, 간혹가다 번역이 어색한 부분이 눈에 띕니다. 그래도 주로 사용하는 기능들은 아이콘으로 표시되어 있기도 하고, 글을 쓰다 보면 자주 사용하는 기능만 쓰기 때문에 초반에 필요한 설정만 만져주면 따로 건드리지 않아도 됩니다.

파일 〉옵션에 들어가면 각종 설정을 내 입맛대로 편집할 수 있습니다. 일반 설정에서 세부적으로 조정하면 좋은 항목들은 다음과 같습니다.

❶ 일반 설정

시작설정

☑ 종료 시 열려 있던 프로젝트를 다시 엽니다

가장 첫 항목입니다. 프로그램을 껐다가 다시 켤 때 자동으로 마지막에 작업하고 있던 프로젝트를 여는 옵션입니다. 굳이 스크리브너 프로젝트 파일이 저장된 위치에 들어가서 일일이 파일을 눌러 열 필요 없이, 바탕화면의 아이콘만 누르면 바로 작업하던 프로젝트가 열립니다. 단, 열리는 프로젝트는 가장 마지막에 작업하던 프로젝트 하나뿐입니다. 동시에 여러 프로젝트를 켜두었다면 마지막으로 종료한 프로젝트만 열립니다. 기본으로 체크 되어 있는 기능이지만 동시에 여러 작품을 진행한다면 끄셔도 됩니다.

저장

☑ 이후 자동 저장

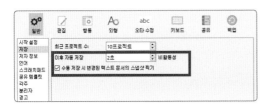

아무런 작업을 하지 않을 때 몇 초 간격으로 저장할지 지정할 수 있습니다. 저는 2초로 해두었는

데, 이렇게 하면 갑자기 컴퓨터 전원이 나가거나 프로그램이 강제종료 되어도 원고가 날아가지 않습니다.

☑ 수동 저장 시 변경된 텍스트 문서의 스냅샷 찍기

수동 저장 버튼(Ctrl+S)을 누르면 앞서 소개했던 스냅샷으로 저장해주는 기능입니다. 스냅샷 단축키로 사용 할 수 있습니다.

❷ 편집

옵션

☑ 라이브 카운트 쇼

현재 몇 자 썼는지 문서 하단에 표시되는데, 영어 기준이다 보니 글자수가 단어 기준으로 표시됩니다. 문자(글자 수)로 변경해줍시다. 공백 미포함으로 하고 싶다면 공백이 없는 문자로 설정해주면 됩니다.

하단 부에 표시되는 글자수 측정 기준을 변경합니다.

편집기 형식

기본 서체와 바탕색, 그리고 자간과 글씨 크기를 설정할 수 있는 곳입니다. 제가 사용하는 폰트는 KoPubWorld바탕체 Light, 폰트 크기는 10, 줄간격은 1.5x입니다. 배경은 흑청색, 글씨 색은 흰색으로 해 두었는데, 색 변경은 추후 소개할 외형 탭에서 변경 가능합니다.

관리 탭을 누르면 기본으로 지원하는 각종 테마를 적용할 수 있습니다. 단, 적용된 테마를 확인하려면 프로그램을 한 번 재시작해야 합니다. 기본으로 제공되는 테마 이외에도 인터넷에서 다른 사람이 공유하는 테마를 다운받아 사용할 수 있습니다.

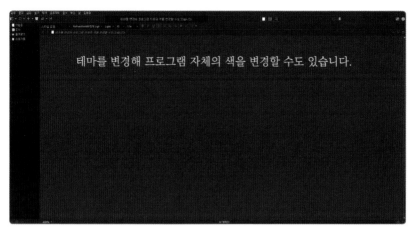

적용된 테마 모습

❸ 외형

프로그램 내부의 각종 색과 폰트를 바꿀 수 있는 탭입니다. 저는 크게 건드리지 않고 작문모드(단축키 F11)와 기본 에디터 창만 조작했습니다. F11을 누르면 작문 모드라고 해서 글에 집중할 수 있는 화면이 나오는데, 조아라 PC 버전의 바탕인 연두색으로 설정해놨습니다. 문피아, 조아라의 녹색 바탕색은 rgb 값으로 195. 221. 168입니다. 색상과 폰트 커스텀은 순전히 본인의 취향이기 때문에 이것저것 눌러보면서 원하는 대로 바꾸시길 바랍니다.

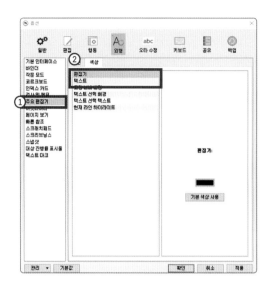

기본 에디터 화면 색과 서체 색 변경은 주요 편집기 탭에서 수정하시면 됩니다.

❹ **오타 수정**

상용구

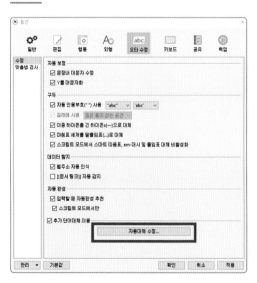

글을 쓰다보면 자주 쓰는 특수 기호나 어구, 혹은 문자가 생기기 마련입니다. 스크리브너에서는 기본적으로 온점을 세 번 치면 자동으로 말줄임표(…)로 바꿔주는 기능이 있습니다. 이외에도 사용자가 직접 원하는 상용구를 등록할 수 있다는 건 큰 강점입니다.

파일 〉 option 〉 오타수정 〉 자동대체 수정… 을 누르면 상용구를 편집할

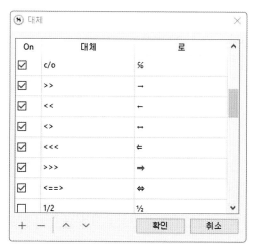

수 있습니다. +버튼을 누르고 위에는 쉽게 입력할 단축키, 아래는 변환할 특수문자나 문구를 집어넣으면 됩니다.

문장도 지정 가능하기 때문에 저는 '**/단어 → (@수정된 단어)**' 등 교정 부호 단축키로도 사용하는 편입니다. 출판사 중 교열 형식을 '단어 혹은 문장(@문장

이런 식으로 상용구를 얼마든지 지정할 수 있습니다.

수정)' 이런 식으로 문장 내에 달아달라고 요구하는 경우, 자주 수정하는 어구를 상용구로 지정해서 등록해두면 작업이 수월합니다.

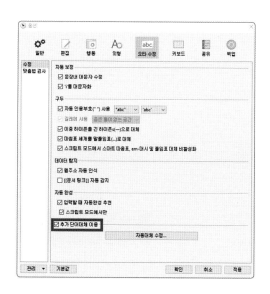

☑ 혹시 상용구를 등록했는데 적용이 안 된다면 **옵션 > 오타 수정**에서 추가 단어대체 이용을 체크 해제하고 적용을 누른 뒤 다시 켜봅시다.

☑ 한글에도 유사한 기능이 있습니다. 단, 한글은 무조건 단축키 **alt +I**를 눌러야 작동합니다.

맞춤법 검사

'입력 시 맞춤법 검사', '입력 시 자동 맞춤법 검사 후 수정' 옵션은 꺼둡니다. 스크리브너는 영어 기준이기 때문에 한글 맞춤법 검사 기능이 매우 엉성합니다. 맞춤법은 다른 툴을 이용하는 게 좋습니다. 어차피 원고를 다 쓰면 출판사와 퇴고하는 과정을 거치기 때문에 퇴고 및 맞춤법 교정은 다른 프로그램에서 진행하게 됩니다.

❺ 키보드

단축키는 여기서 바꿀 수 있습니다. 이 또한 개인에 따라 기호가 다르기 때문에, 살펴보고 수정이 필요한 부분이 있으면 고쳐서 사용하면 됩니다.

그 외 기능

❶ 집중 모드

F11을 누르면 집중 모드가 켜집니다. 앞서 환경설정에서 집중 모드의 배경색을 바꾼 바가 있습니다.

집중 모드에는 뒷배경 어둡게 만들기(배경 감추기), 현재 작성중인 문장을 화면 한 중간에 자  동으로 배치하기(타이프라이터), 메모 및 요약 창 띄우기(인스펙터) 등의 기능이 있습니다. 글쓰기 화면 위치는 페이지 위치로 배치할 수 있고, 글쓰기 화면 너비는 페이지 넓이에서 조정 가능합니다. Alt를 누른 상태에서는 페이지 넓이의 조정 탭이 용지 높이 조정 탭으로 변합니다. 취향껏 조절해서 글에 집중할 수 있는 환경을 만듭시다.

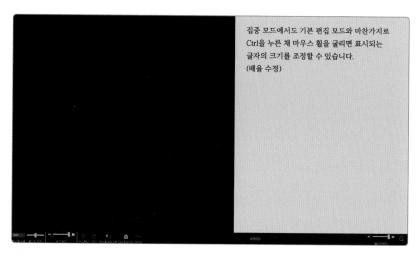

집중 모드에서도 기본 편집 모드와 마찬가지로 Ctrl을 누른 채 마우스 휠을 굴리면 표시되는 글자의 크기를 조정할 수 있습니다. (배율 수정)

집중 모드에서도 기본 편집 모드와 마찬가지로 Ctrl을 누른 채 마우스 휠을 굴리면 표시되는 글자의 크기를 조정할 수 있습니다.

❷ 컬렉션 기능

글을 쓰다 보면 어느새 나도 모르는 사이 1회 차의 캐릭터와 145회 차의 캐릭터가 성격이나 말투가 많이 변해있는 경우가 있습니다. 캐릭터가 성장한 거라면 좋겠지만, 통일성을 잃고 캐릭터가 무너진 거면 곤란하겠죠. 제아무리 검색 기능이 강력하더라도, 특정 단어 검색으로는 캐릭터의 행적을 일람하기가 어렵습니다. 이때, 스크리브너의 컬렉션 기능이 유용하게 쓰입니다. 특정 캐릭터가 등장하는 회차를 분류해서 집어 넣은 뒤, 해당 캐릭터의 변화 추이나 행적을 되짚어보는 방식으로 활용 가능합니다. 특히, 등장 빈도가 적은 주변 인물들을 관리할 때 몇 회차에서 등장했었는지, 어떤 발언을 했는지 추적하기에 용이합니다. 혹은 각종 복선이나 개연성을 위한 장치들을 모아놓고 관리할 수도 있습니다.

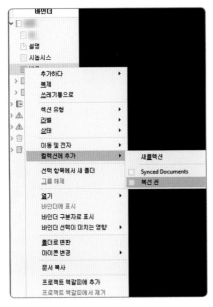

컬렉션 등록은 바인더에서 등록하고자 하는 문서를 오른쪽클릭 한 뒤, 컬렉션 등록을 누르면 됩니다.

❸ 통계 기능

프로젝트 〉 통계에서 지금까지 쓴 글 전체의 분량을 확인할 수 있습니다. 바인더에서 특정 문서들만 클릭하면(ctrl을 누르고 클릭하면 복수 선택 가능, shift로 범위 지정 선택 가능) 통계의 선택한 문서 탭에서 문서 통계를 볼 수 있습니다. 주로 전체 글자수와 공백 미포함 글자수를 확인하는 데 사용하는 기능입니다.

❹ 목표 기능

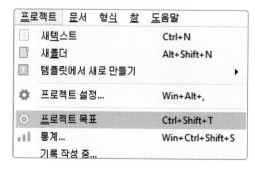

프로젝트 〉 프로젝트 목표로 들어가도 되고, **글자 수 옆의 과녁 모양 아이콘**을 눌러도 됩니다. 회차별 원하는 글자수를 지정해놓고 목표 글자수까지 얼마나 남았는지 가시적으로 확인할 수 있습니다.

/06 연재의 기술

내가 쓴 소설이 언제나 인기 있으면 좋겠지만, 그것은 일정한 경지에 도달하지 않으면 어려운 일입니다. 심지어 오랫동안 글을 쓴 작가도 항상 인기를 보장할 수는 없습니다. 이번 장에서는 글을 쓸 때, 특히 연재를 할 때 독자의 흥미를 자극할 수 있는 몇 가지 팁을 드리고자 합니다.

1) 절단신공

단행본보다도 연재에서 빛을 발하는 기술입니다. 웹소설은 매 회차를 결제하는 방식으로 연재가 이루어지기 때문에 **'다음 내용을 궁금하게 만드는 것'**이 생명입니다. 주 5회를 연재하더라도 2일은 쉬는 날이 발생하며, 어쩌다 작가의 개인 사정상 휴재라도 하면 독자들은 내용을 잊어버리고 쉽게 이탈해버립니다. 그러므로, 독자의 이탈을 방지하고 연재하지 않는 날도 궁금증으로 잠을 못 이룰 만큼 중요한 부분에서 적절히 끊어주는 기술이 필요합니다. 새 회차가 올라오자마자 읽는 충성스런 독자가 많을수록 내 소설을 안정적으로 끌어갈 수 있는 건 당연한 이야기이니까요.

우리가 흔히 생각하는 드라마의 마지막 장면을 떠올려 봅시다. 아침드라마를 보면 기가 막힌 데서 끊지 않습니까? 식상하지만 갑자기 임신 소식을 듣고 고혈압으로 쓰러지고 마는 아버지라거나… 뒤가 궁금하게 끊는 절단신공, 즉 요전법(邀錢法)의 포인트는 의외로 각종 미디어에서 쓰이기 때문에 다른 사람들이 어떻게 끊는지, 그리고 내가 언제 결제 욕구를 느끼고 다음 내용을 궁금해 하는지 떠올려 보면 금방 답이 나옵니다.

심각한 순간에 끊기

위에서 언급한 '충격적인 소식에 고혈압으로 쓰러지는 아버지'가 대표적인 예입니다. 외에도 아슬아슬하게 탈출하던 주인공이 발각되거나 주인공의 심장을 향해 검이 날아드는 등, 위기일발의 순간에서 딱 끊어버립니다.

독자들은 궁금증을 참을 수 없게 될 것입니다. 제 경험을 말하자면, 로맨스의 경우, 금단의 사랑을 하는 두 남녀가 들키면 안 되는 대상에게 들켜버리는 순간에 매출이 폭발적으로 올랐습니다.

막 두 사람의 입술이 가까워지려던 순간이었다. 갑자기 덜커덕거리는 소음과 함께 사무실 문이 열렸다.

중요한 대사가 나오기 직전에 끊기

캐릭터끼리 대화를 주고받다 보면, 사건 해결의 핵심이 되는 대사가 나오기 마련입니다. 가령, 로맨스의 경우, 다음과 같은 방법으로 끊을 수 있습니다.

"날 사랑하긴 하나요?"
지현의 눈에 눈물이 그렁그렁하게 맺혀 있었다. 숨결만큼 가벼운 바람만 불어닥쳐도 눈물이 툭, 굴러떨어질 것만 같았다. 의섭은 착잡한 표정으로 그녀를 내려다 보다가 입을 열었다.

단, 이런 식으로 회차를 끊을 때는 반드시 다음 대사를 미리 적어놓고 적절한 때에 끊어야 합니다. 중요한 대사가 나올 것처럼 해놓고 미래의 나에게 대사 작업을 미루면 큰일 납니다. 다음 회차에 시시한 대사가 나오거나 갑자기 누군가 난입해서 흐지부지되는 전개가 한 번은 나올 수 있어도, 반복되면 독자의 이탈 요인이 됩니다.

중요한 대사 직후 끊어버리기

이번엔 충격적인 발언 이후 캐릭터의 반응이 궁금하도록 만드는 기법입니다. 소설의 전개를 뒤흔들만한 숨겨진 진실을 밝히는 대사를 마지막으로 끊어버리면 궁금증이 증폭됩니다. 특히 출생의 비밀이나 반전 요소와 결합하면 시너지 효과가 좋습니다.

> "정말 모르겠더냐…?"
> 언성을 높이는 노파의 눈에 처절한 기색이 물들어 있었다.
> "그날 네가 해치운 사람은 네 친아버지란 말이다…!"

인물 등장

예상치 못한 인물이 등장함으로써 사건에 대한 기대감을 증폭시키는 기법입니다. 이때, 너무 뻔한 인물은 등장해선 안 됩니다. 아예 새로운 인물, 혹은 당혹스러운 인물이 등장해야 궁금증이 유발됩니다. 이를테면, 실종된 지 오래된 가족이나 친구, 아군을 도울 리 없는 적 등이 있습니다.

> 베일로 얼굴을 가린 남성이 얼굴을 가리고 있던 천을 걷었다. 어둠속에서
> 드러난 얼굴을 알아본 데빈이 당혹감을 감추지 못하고 말했다.
> "아, 아버지?"

2) 소설 쓰는 팁

글을 쓰다보면 마감은 다가오고 분량은 채워야하는데 도무지 어떻게 써야 할지 막막할 때가 있습니다. 소설 속 주인공은 태평한데 나에게는 위기 일발의 순간이 다가오면 마음이 급합니다. 쓰려던 글도 안 나오고 속이 타들어갈 때, 조급하게 굴면 글이 엉망이 될 확률이 높습니다. 이럴 땐 침착하게 다음의 프로세스를 시도해 봅시다.

해당 회차에 들어가야 할 내용이 무엇인지 간략하게 적어본다.

웹소설은 통상적으로 1회차 분량이 공백 포함 5,000~5,500자 정도입니다. 산술적으로 따졌을 때, 5,000자를 기준으로 약 5개의 장면을 구상해서 장면당 1,000자씩 할당하면 편리하다는 뜻입니다. 물론, 언제나 모든 내용이 잘라낸 듯 정확히 1,000자가 될 수는 없기 때문에, 이야기를 유기적으로 연결하는 것이 중요합니다. 이야기를 연결하는 방법은 뒤이어 설명하도록 하겠습니다.

우선, 한 회차 안에 들어가야 할 장면들을 늘어놓아 봅시다. 별로 중요하지 않은 장면도 있고, 반대로 조금 신경 써서 서술해야 할 장면도 있을 것 입니다.

❶ 주인공(악당 부하의 은인)을 죽이라고 명령하는 악당 보스 (+악당 부하의 반응)
❷ 정확히 어떤 계획으로 죽일지 서술
❸ 악당 보스의 사악한 내면
❹ 갈등하는 부하의 반응
❺ 주인공을 죽이기 위해 무기를 드는 부하

위의 예시에서 강조되어야 하는 것은 악당 보스의 사악함, 그리고 그로 인한 부하의 갈등입니다. 따라서 내용을 안배할 때 그럴싸한 작전을 세우는 부분과 사악한 내면, 부하의 반응 쪽에 분량을 치중합니다. 주인공을 죽이기 위해 무기를 드는 장면은 그 뒤에 정확히 어떤 행동을 하는지 보여주지 않음으로써 다음 편을 읽고 싶은 호기심을 극대화 할 것이므로, 굳이 길게 쓸 필요가 없습니다. 따라서 분량 분배는

❶ 1,000자　　❷, ❸, ❹ 4,000~4,500자　　❺ 500자

정도로 잡겠습니다.

이렇듯, 중요한 장면에 적절한 글자 수를 분배하는 것까지 끝나면, 이후에는 한 장면씩 쓰면 되기 때문에 빠른 속도로 마감을 할 수 있습니다. 이 과정이 숙달되면 구상한 내용을 굳이 적지 않더라도 머릿속으로 빠르게 정리한 뒤 바로 다음 단계로 넘어가는 게 가능해집니다.

핵심 대사를 포함해서 간략한 줄거리를 적는다.

대사 위주로 흘러가는 웹소설이라지만, 인물 대사를 무한정 짜내기는 쉽지 않습니다. 일단 주요 장면에서 인물끼리 할 만한 대사를 적되, 꼭 들어가야겠다 싶은 대사 위주로 씁니다.

❶ **주인공 데릭**(악당 부하 로벨의 은인)**을 죽이라고 명령하는 악당 보스 블리스** (+악당 부하 로벨의 반응)

> "요즘 들어 해이해졌군."
> 블리스는 로벨이 데릭을 죽일 수 있었음에도 번번이 실패하고 있다는 사실을 이미 알고 있다. 지난번, 덫에 걸린 그를 죽이는 건 일도 아니었을 텐데, 왜 그냥 보내줬는지 물어보기까지 한다.
> "설마 내가 모를 줄 알았나?"
> 눈속임을 했다간 볼모로 붙잡힌 여동생의 목숨이 어떻게 될지 모르는 게 아닐 거라며 협박하는 블리스.

❷ **정확히 어떤 계획으로 죽일지 서술**

> 데릭을 죽일 새로운 계획 고안하는 블리스. 그는 절대 동료를 버리거나 죽이지 못하니, 차라리 동료 중 한 명을 납치할 것을 명령. 로벨은 데릭의 동료들도 상당한 실력자인데, 차라리 저주를 걸어서 아군으로 만드는 게 어떻냐고 제안.

❸ 악당 보스 블리스의 사악한 내면

　이미 데릭이 동료들의 성격과 실력, 공격 방식을 전부 알고 있는데 영입해봐야 전략적으로 효과가 미약함. 저주를 거는 데 들어가는 비용이 더 들기 때문에 쓸데없는 짓이라고 일축하는 블리스. 데릭을 죽여버리면 좋고, 설령 실패하더라도 그의 동료 중 누군가를 죽이거나 중상을 입히면 아군의 사기가 올라가는 건 물론, 상대측의 전력 손실을 야기 할 수 있음을 주장한다.

❹ 갈등하는 부하 로벨의 반응

　"알겠습니다."
　입으로는 알겠다고 하지만, 목숨을 구해준 데릭을 제 손으로 죽일 수 있을지 의문인 로벨. 적인데도, 목숨을 해치려고 했는데도 도와주던 그 사람이 블리스의 말대로 천하의 사기꾼이자 악인이라는 생각은 들지 않는다.

❺ 주인공을 죽이기 위해 무기를 드는 부하 로벨

　그렇지만 선택지가 없기 때문에 무기를 들고 출정한다. 데릭의 동료 중 한 명인 카린을 납치하기 위해 조심히 기회를 엿보는 것으로 마무리.

....

　이런 식으로 앞서 정한 이야기 흐름에 조금 더 구체적으로 살을 붙일 수 있습니다. 굳이 문장형으로 끝나지 않아도 되고, 이야기의 흐름에 맞게 내용만 배치하면 됩니다.

장면과 대화 내용을 잇는 징검다리 장면이나 행동을 써서 소설을 완성

어색하게 장면, 대사만 얼기설기 있던 걸 이어줍니다. 주로 등장인물의 시선에 따른 주변 환경 묘사, 대화 중간의 인물 표정 변화, 속마음 등으로 채워줍니다. **대사 ⋯ 대사에 따른 인물의 행동 ⋯ 행동에 따른 상대의 반응 서술하기**처럼 유기적으로, 시선의 흐름에 맞춰 서술하면 읽기 편합니다.

....

❶ **주인공 데릭**(악당 부하 로벨의 은인)**을 죽이라고 명령하는 악당 보스 블리스** (+악당 부하 로벨의 반응)

"요즘 들어 해이해졌군."

블리스는 로벨이 데릭을 죽일 수 있었음에도 번번이 실패하고 있다는 사실을 이미 알고 있다. 지난번, 덫에 걸린 그를 죽이는 건 일도 아니었을 텐데, 왜 그냥 보내줬는지 물어보기까지 한다.

"설마 내가 모를 줄 알았나?"

눈속임을 했다간 볼모로 붙잡힌 여동생의 목숨이 어떻게 될지 모르는 게 아닐 거라며 협박하는 블리스.

⋮

"요즘 들어 해이해졌군."

블리스가 차가운 목소리로 말했다. 로벨은 아무런 대답을 하지 않고 고개를 푹 수그리고 있었다. 그의 상관이 화가 났을 때는 아무런 말도 하지 않는 게 이득이라는 걸 경험적으로 알았다.

"이번에도 또 실패했다. 그로 인한 전력 손실은 어떻게 감당할 거지?"

"죄송합니다. 다음 계획은 기필코 성공하도록 하겠습니다."

"또 입만 산 소리를!"

노기 어린 목소리가 홀에 울렸다. 블리스의 몸에서 뿜어져 나온 냉기는 주변을 기어가던 뱀을 한순간에 얼려버렸다. 살갗을 에는 듯한 한기가 뺨을 훑자, 로벨은 입술을 꽉 깨물며 몸을 떨었다.

"네가 임무를 성공할 수 있었는데도 기회를 발로 차버린 걸 알고 있다. 분명, 덫에 걸린 녀석을 처리하는 건 일도 아니었을 텐데 말이지."

"그게…."

"그렇게 변명이 하고 싶으면 말리지 않으마. 왜 놈을 그냥 보내주었지?"

쉭쉭거리는 듯한 소리가 귓가에서 스산하게 울렸다. 어느새 로벨의 앞까지 성큼, 다가온 블리스는 그의 턱을 붙잡아 고개를 들게 만들며 물었다. 상관의 얼굴을 바로 보게 된 로벨은 얼굴에서 피가 빠져나가는 듯한 느낌을 받았다.

(후략, 552자)

위 과정을 거쳐도 아무런 생각이 나지 않고 한 글자 쓰는 것마저 버거울 수도 있습니다. 그럴 때는 재충전이 필요하거나 혹은 스토리 진행을 제대로 설정하지 않은 것이니, 시놉시스 정비, 혹은 재충전의 시간을 갖는 것을 추천합니다. 당장 마감을 지키는 것도 중요하지만 억지로 마감을 지켜가면서 점점 망가져 가는 글을 내보이는 것도 수습이 불가하긴 마찬가지입니다. 깔끔히 역량 부족을 인정하고 쉬면서 글을 수습합시다. 그리고 다음번에는 그런 일이 반복되지 않도록 비축도 준비하고, 되도록이면 막혀도 빨리 써내려 갈 수 있게 플롯을 상세히 구성하거나 회차 별로 반드시 들어가야 할 내용을 미리 메모해 둡시다.

✎ 07 퇴고하기

작품을 집필할 때 피할 수 없는 과정입니다. 솔직히 말하자면, 저는 퇴고가 가장 힘듭니다. 쓸 때보다 시간이 더 걸리는 건 물론, 훨씬 치열하게 작업합니다. 그렇지만 퇴고를 하지 않은 글과 여러 번 퇴고 및 검수를 거친 글은 비교할 수 없을 만큼 차이가 나기 때문에 결국 눈물을 머금고 자리에 앉게 됩니다. 제 경우, 퇴고는 보통 원고 작성 후 다음과 같은 순서로 이루어집니다.

원고 작성 ⋯ 간이 퇴고 ⋯ 출판사에 원고 인도 ⋯ 1차 교열 ⋯ 2차 교열 ⋯ 단행본 출간 전 마지막 검수

1) 퇴고 과정

❶ **간이 퇴고:** 주로 맞춤법과 문장 호응 등을 가볍게 훑어봅니다. 초고 작성 후 출판사에 원고를 보내기 전에 이루어집니다.

❷ **1차 교열:** 맞춤법, 문장 호응 및 동어 반복, 문장 마무리 위주로 봅니다. 내용이나 설정 충돌, 혹은 완급 조절을 하면서 분량의 절반을 들어내고 다시 쓰기도 합니다. 가장 오래 걸립니다.

❸ **2차 교열:** 문장 흐름 위주로 봅니다. 크게 어색한 부분이 없으면 거의 고치지 않습니다.

❹ **최종 검수:** 원고 전체 분량을 읽으면서 고쳐나갑니다. 흐름과 미처 고치지 못한 사소한 설정 충돌, 인물의 말투 등 거시적인 범위 내에서 오류를 잡아냅니다.

이렇게 해도 출간 이후 오탈자가 발견되곤 합니다. 출간하고 나서 시간이 조금 지난 뒤 처음부터 끝까지 플랫폼에서 한 번 읽어보는 게 좋습니다. 혹은 직접 오탈자 제보를 받아 출판사 측에 수정 요청을 할 수 있습니다.

2) 퇴고 팁

퇴고용 기기

의외로 원고 그대로 켜두고 퇴고를 진행하면 눈도 피곤하고 오탈자를 그냥 지나치는 경우가 잦습니다. 게다가 PC의 넓은 화면에서 글을 보는 것과 휴대폰이나 태블릿, 이북리더기처럼 작은 기기의 화면으로 글을 보는 것은 느낌 자체가 다릅니다. 보통 독자들은 휴대폰이나 이북리더기로 책을 많이 보기 때문에 퇴고할 때도 기기에 텍스트 파일을 넣어서 퇴고하는 게 문장 수정에 도움이 됩니다. 특히 문장 간 줄바꿈이나 대사의 흐름 등을 확인할 때 아주 유용합니다.

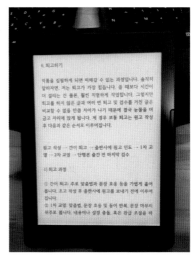

이 원고도 이북리더기를 통해 퇴고한 결과물이랍니다.

저는 이북리더기에 제 원고 txt 파일을 넣어 퇴고하고 있습니다. 단행본을 출간하거나 유료 연재를 할 경우, 본인의 출간된 소설을 epub 형태로 리더기에 넣어 확인해도 좋습니다.

퇴고할 때 눈여겨 볼 것들

앞서 맞춤법이나 문장 간 주술 호응, 캐릭터, 설정 등을 퇴고할 때 중점적으로 본다고 언급했는데 조금 더 구체적으로 소개할까 합니다.

❶ 문장 호응

주술 호응 주어와 서술어가 일치해야합니다. 당연한 것 같지만 의외로 문장이 길어지면 쉽게 눈에 띄지 않아 놓치고 지나가는 경우가 왕왕 있습니다.

> 내 심장을 가쁘게 뛰게 만든 일은 다름 아닌 전설급 아이템이 든 상자였다.

> ⋯ 전설급 아이템이 든 상자가 내 심장을 가쁘게 뛰게 만들었다.
> ⋯ 내 심장을 가쁘게 뛰게 만든 것은 다름 아닌 전설급 아이템이 든 상자였다.

문장의 주어는 [내 심장을 가쁘게 뛰게 만든 일]입니다. 일은 '사건'에 해당하므로 일의 보어가 [전설급 아이템이 든 상자](명사)가 되면 무언가 어색합니다. 따라서 문장의 구조를 틀어 상자를 주어로 바꿔주었습니다. 혹은, 처음 문장의 주어를 [일이 아닌 ~것]으로 바꿔줄 수도 있습니다. 그러나 '~것'은 남발하면 가독성을 해치기 때문에 적당히 사용해야 합니다.

연결어 호응 연결어를 쓰다보면 가끔 뒷말과 호응이 되지 않아 어색하게 읽히는 경우가 있습니다. 서술어를 적절히 추가해서 고쳐줍시다.

> 강해지기 위한 특훈을 시작한 이후, 데릭은 매일같이 벌판 달리기와 마법 이론을 공부했다.

> ⋯ 강해지기 위한 특훈을 시작한 이후, 데릭은 매일같이 벌판을 달리고 마법 이론을 공부했다.

와(과)로 연결된 성분끼리 호응하지 않아서 어색하게 읽히는 경우입니다. 올바른 표현은 '달리기를 했다', '이론을 공부했다'이므로 명사인 달리기를 서술어(동사)인 '달리고'로 고쳐줍시다.

❷ 어순 변경

서술어 사용 순서 기본적으로 서술어는 저마다 특성이 다릅니다. 어떤 서술어는 목적어나 부사를 필수적으로 요구하기도 하고, 그 순서가 고정되기도 합니다. 따라서 단어를 사용할 때는 단어가 어떻게 쓰이는지 제대로 알고 사용해야 하며, 문장 내에서 잘못 쓰인 것을 발견하면 고쳐주는 게 가독성 향상에 이롭습니다. 글을 쓰는 사람과 읽는 사람 모두 한국인이기 때문에 이해에는 크게 문제가 없지만, 단어가 요구하는 기본적인 어순을 계속 꼬거나 바꿔서 서술하면 가독성이 떨어지기 때문입니다.

> 데릭은 손에 맹수의 이빨이 스치지 않도록 조심하며 놈에게 박힌 가시를 뽑아냈다.

> ⋯ 데릭은 맹수의 이빨이 손에 스치지 않도록 조심하며 놈에게 박힌 가시를 뽑아냈다.

강조를 위해 단어의 순서를 살짝 도치한다고 해서 의미를 파악하지 못하는 건 아니지만, 사전에 실린 단어 용법대로 쓰는 게 더 잘 읽히는 편입니다. 사전에서 '스치다'라는 단어를 찾으면 단어의 뜻과 함께 어떻게 쓰는 단어인지 용례를 확인할 수 있습니다.

스치다 [동사]

I.「⋯에」, 「⋯을」
  1. 서로 살짝 닿으면서 지나가다.
     예) 칼날이 몸에 스치다.

용례를 살펴보면 '스치다'라는 단어를 사용할 때는 '무엇이 어디에 스치다'로 쓰이는 것을 알 수 있습니다. 따라서 '손에 맹수의 이빨이 스치지 않도록' 보다는 '맹수의 이빨이 손에 스치지 않도록'이 조금 더 자연스럽습니다.

이 부분은 모든 단어를 일일이 사전을 찾아볼 수도 없고, 경우에 따라서는 관용어로 굳어진 덕에 사전에서 제시하는 용례를 따르지 않는 게 더 자연스럽게 느껴지는 단어들도 있습니다. 읽는 데 크게 걸리지 않는다면 넘어가되, 뜻은 통하는데 어딘가 부자연스럽다면 단어가 사용된 순서를 한 번 점검해 보면 좋습니다.

부사와 형용사의 순서 한국어는 부사가 어디에 들어가든 문장이 성립합니다. 그러나 소설을 쓸 때는 문법적으로 맞는 것뿐만 아니라 의도한 대로 문장이 읽히는지, 그리고 문장이 '쉽고 편안하게' 읽히는지 고려해야 합니다. 꾸며주는 말은 대체로 꾸미는 대상, 술어 가까이에 있는 게 읽기 편안합니다. 그렇지 않으면 문장이 잘 읽히지 않을 뿐만 아니라 중의적인 문장이 되어 의미를 제대로 전달하지 못하기도 합니다.

반듯하게 옷을 다려 입고 코트를 걸치자 외출 준비는 끝났다.

⋯⋯ 옷을 반듯하게 다려 입고 코트를 걸치자 외출 준비는 끝났다.

기본 어순은 '옷을 다려입다'이며, '반듯하게'가 꾸미는 것은 서술어 '다려입다'이므로 반듯하게를 서술어에 더 가깝게 이동시키는 게 읽기에 좋습니다.

엘리제는 뜬구름 잡는 소리를 종종 하곤 했다.

⋯⋯ 엘리제는 종종 [뜬구름 잡는 소리를 하곤 했다.]

여기서 '종종'은 어디에 와도 상관이 없지만, 맥락 상 종종 하는 행위가 '뜬구름 잡는 소리를 하는 것' 자체이므로 부사 '종종'은 '했다' 앞이 아닌 '뜬구름 잡는 소리를 하곤 했다'의 앞으로 이동하는 게 더 의미가 자연스럽게 읽힙니다.

첫 문장처럼 쓰는 것을 금지하는 게 아닙니다. 너무 자주 남발되면 읽는 이의 피로도가 높아지니, 되도록 정석적인 어순을 따르되 정말로 강조하고 싶은 문장이 있을 때 한 번씩 활용해 주는 것을 추천하는 바입니다.

❸ 문단 구성하기

웹소설은 일반 소설에 비해 한 문단 안에 들어가는 문장의 수가 극히 적습니다. 심지어 어떤 때는 한 문장만 쓰고 바로 엔터를 치기도 합니다. 문단을 구분할 때 가장 중요한 것은 안에 들어간 내용간의 관련성입니다. 이것을 응집성(cohesion)이라고 합니다. 다시 말하자면, 한 문단 안에서 이 이야기 저 이야기를 하지 말고 하나의 주제나 이어지는 내용으로만 이야기 해야 한다는 뜻입니다.

> 데빈은 모닥불을 바라보며 말을 삼켰다. 불규칙적으로 일렁거리는 불이 꼭 내면에 도사린 불안감을 대변하는 기분이었다. 심란했다. 앞으로 동료들을 얼마나 더 잃어야 할지도 모르는데, 계속해서 앞으로 나아가야 한다는 사실이. 그런 데빈의 얼굴을 가만히 들여다보고 있던 리스 역시 생각에 잠겼다. 그의 고충을 충분히 이해했고, 기운을 되찾을 수 있도록 격려의 말이라도 건네고 싶었다. 그렇지만 무어라 말해야 할지 몰라 자꾸 속으로 말만 고르게 되었다.

⋮

> 데빈은 모닥불을 바라보며 말을 삼켰다. 불규칙적으로 일렁거리는 불이 꼭 내면에 도사린 불안감을 대변하는 기분이었다. 심란했다. 앞으로 동료들을 얼마나 더 잃어야 할지도 모르는데, 계속해서 앞으로 나아가야 한다는 사실이.

그런 데빈의 얼굴을 가만히 들여다보고 있던 리스 역시 생각에 잠겼다. 그의 고충을 충분히 이해했고, 기운을 되찾을 수 있도록 격려의 말이라도 건네고 싶었다. 그렇지만 무어라 말해야 할지 몰라 자꾸 속으로 말만 고르게 되었다.

한 문단이 너무 길뿐만 아니라 뒷부분은 데빈이 아닌 리스의 심정을 서술하고 있습니다. 이런 때에는 문단을 나누어 문단에서 말하고자 하는 주제를 명확히 해주는 것이 좋습니다.

❹ 서술 풍부화

문장을 단조롭게 사실만 서술하기 보다는, 주변의 환경이나 발화하는 인물의 심경이나 표정 등을 함께 서술해서 지루함을 덜어줍니다. 문장의 호흡이나 전개의 완급을 조절할 때도 쓰이는 방법입니다. 영화에서 긴박한 장면은 화면 전환이 빠르게 되는 것처럼 소설에서도 긴박하고 아슬아슬한 장면은 일부러 문장을 짧게, 사실 위주로 적고, 반대로 감정선이 중요하거나 진지하게 다뤄야 하는 부분은 최대한 감정이나 표정 등을 묘사해서 독자가 읽는 시간 자체를 길어지게 합니다.

"네가 임무를 성공할 수 있었는데도 기회를 발로 차버린 걸 알고 있다. 분명, 덫에 걸린 녀석을 처리하는 건 일도 아니었을 텐데 말이지."
"그게…."
"그렇게 변명이 하고 싶으면 말리지 않으마. 왜 놈을 그냥 보내주었지?"
어느새 로벨의 앞까지 다가온 블리스는 그의 턱을 붙잡아 고개를 들게 만들며 물었다.

⋮

"네가 임무를 성공할 수 있었는데도 기회를 발로 차버린 걸 알고 있다. 분명, 덫에 걸린 녀석을 처리하는 건 일도 아니었을 텐데 말이지."

"그게…."

"그렇게 변명이 하고 싶으면 말리지 않으마. 왜 놈을 그냥 보내주었지?"

쉭쉭거리는 듯한 소리가 귓가에서 스산하게 울렸다. 어느새 로벨의 앞까지 성큼, 다가온 블리스는 그의 턱을 붙잡아 고개를 들게 만들며 물었다. 상관의 얼굴을 바로 보게 된 로벨은 얼굴에서 피가 빠져나가는 듯한 느낌을 받았다.

빠르게 전개 되어야 흥미를 고취시킬 수 있는 전투씬이 아니라면 인물의 감정이나 눈빛, 긴장하는 기색 등이 강조되어야 하는 상황에는 묘사를 몇 줄 더 붙여 생생함을 살려줍시다.

❺ 단어 및 문장 추가

글을 쓰다 보면 쓰는 속도가 생각의 속도를 따라가지 못하고 사건의 인과 관계가 다소 불분명하게 서술되거나, 한 대사에서 다음 대사가 나오기까지 매끄럽게 이어지지 않는 경우가 있습니다. 심지어 어떤 경우에는 논리적인 비약까지 발생하기 때문에 이런 부분들은 퇴고하면서 단어, 혹은 문장을 적절히 집어넣어 막힘없이 읽히도록 만듭니다.

단어 추가

자꾸 그따위로 굴면 일을 어떻게 해결할 거냐고 빈정거리던 지후의 모습이 아른거렸다.

⋯▸ 자꾸 그따위로 굴면 일을 어떻게 해결할 거냐고 빈정거리던 지후의 모습이 눈앞에 아른거렸다.

아른거린다는 단어는 '눈앞에 아른거렸다'라는 말로 흔히 쓰이기 때문에 '아른거리다'만 써도 맥락적으로 무슨 말인지 알아들을 수 있습니다. 하지만 상상의 여지를 남겨두는 것과 문장 자체를 두루뭉술하게 쓰는 것은 아주 다릅니다. 가급적이면 문장은 구체적이고 이해에 어려움이 없도록 쉽고 명료하게 쓰도록 합니다.

문장 추가 논리적으로 비약이 일어나거나 서술이 어딘가 부족해서 뚝뚝 끊기는 것 같은 장면을 손볼 때 주로 문장을 추가해줍니다. 특히, 어떤 캐릭터가 말했는지 구분이 잘 되지 않을 경우 반드시 누가 말했다는 문장을 더해주는 편입니다.

"그래서 어쩌라는 거니?"
"맞아, 진짜 어쩌라는 건데?"
둘이서 동시에 덤벼드니 데빈은 말재주로는 당해낼 재간이 없었다.

⋮

"그래서 어쩌라는 거니?"
레나가 어처구니없다는 듯 코웃음 치며 쏘아붙였다. 그러자 리스도 옆에서 한마디 거들었다.
"맞아, 진짜 어쩌라는 건데?"
둘이서 동시에 덤벼드니 데빈은 말재주로는 당해낼 재간이 없었다.

작가가 모든 캐릭터의 말투를 다르게 쓰는 건 불가능합니다. 이처럼 캐릭터 간의 말투가 비슷해서 제대로 구별되지 않는 경우에 한 줄씩 서술을 추가해주면 흐름도 끊기지 않으면서 누가 발화했는지 편하게 읽을 수 있습니다.

❻ 시제

과거형을 과도하게 남발하는 것은 좋지 않습니다. 필요한 경우가 아니면 대과거도 쓰지 않습니다. 과거형은 읽는 이가 한 번 더 정보를 처리하게 만들기 때문에 대과거가 남발되면 글을 읽는 것이 피곤해집니다. 읽고 의미를 해석하는 데는 무리가 없어도, 조금 더 쉽게 읽히는 글을 쓰려면 대과거를 지양하도록 합시다.

엘리제는 종종 뜬구름 잡는 소리를 하곤 했었다. 그녀는 현실에 살고 있지 않은 사람처럼 보였었다. 그래서 대화하고 있으면 기묘한 느낌을 받았었다.

⋯▸ 엘리제는 종종 뜬구름 잡는 소리를 하곤 했다. 그녀는 현실에 살고 있지 않은 사람처럼 보였다. 그래서 대화하고 있으면 기묘한 느낌을 받았다.

과거형으로 서술해도 이해에 아무런 문제가 없으며, 심지어 더 잘 읽힙니다. 대과거는 정말 그 서술이 아니면 대체할 수 없는 때에만 쓰는 것이 좋습니다.

또한 보편적인 진리나 사실, 현재의 상황을 서술할 때는 현재형을 쓰는 것이 좋습니다. 과거형으로 서술해버리면 어쩐지 현재에는 그러한 사실이 통용되지 않을 수도 있다는 느낌을 주기 때문입니다. 역으로 이용하면 서술 트릭으로 보편 진리처럼 보이는 문장을 과거형으로 서술해 반전을 노리는 방법도 쓸 수 있습니다.

마법은 시간적, 물리적 제약을 넘어서, 초현실적인 방법으로 구사자가 원하는 것을 현실에 불러오는 방법이었다.

> ⟶ 마법은 시간적, 물리적 제약을 넘어서, 초현실적인 방법으로 구사자가 원하는 것을 현실에 불러오는 방법이다.

마법에 관한 보편적 진리를 설명할 때, 과거형 시제를 사용하면 묘하게 현재는 그렇지 않을 수도 있다는 느낌을 줍니다. 한국어는 영어만큼 시제가 세분되어있지 않지만, 보편적 진리, 혹은 현재에도 통용되는 사실, 특히 인물의 성격이나 가치관 등을 서술할 때는 현재형 시제를 쓰는 것이 좋습니다. 의도적으로 과거형과 현재형을 아무렇게나 섞는 것은 오히려 가독성을 저해합니다. 반드시 서술에 원칙을 세워 두고 적절히 시제를 활용하도록 합시다.

PART Ⅲ

웹소설 계약하기

PART III

웹소설 계약하기

"

이 책에서는 웹소설 쓰기 다음으로 계약하기 파트가 등장하기 때문에 얼핏 보기엔 소설을 완결내야 계약할 수 있는 것처럼 읽히기도 합니다. 하지만 실제로 웹소설은 소설이 완결되기 이전에 출판사, 혹은 매니지먼트와 계약하는 경우가 더 많습니다.

현재 시장은 유료 연재가 대세인 관계로, 무료 연재 중간에 출판사와 계약을 한 뒤 유료 연재로 전환합니다. 아니면 정해진 분량만큼 투고해서 완결 전에 미리 계약을 하거나, 공모전에 당선되어 계약 후 완결까지 작업하기도 합니다. 그 외에도 장르에 따라서는 무료 연재를 하다가 계약 후 유료 연재 과정 없이 바로 단행본을 출간하기도 하고요. 이번 장에서는 출판사와 계약하는 방법, 그리고 계약 시 주의사항에 관해 다루도록 하겠습니다.

 출판사와 계약하는 방법

1) 무료 연재 후 계약하기

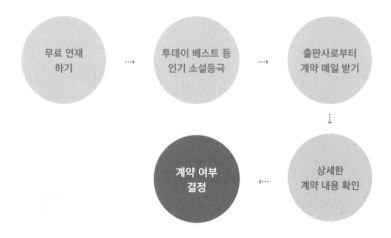

가장 정석적이고 무난한 방법이라고 생각합니다. 무료 연재처(문피아, 네이버, 조아라 등)에 소설을 올리고 베스트에 들어 소설의 상업성이 증명되면 출판사(혹은 매니지먼트)에서 먼저 연락하는 방식입니다. 첫 장에서 언급했듯, 무료 연재처마다 독자들의 분포가 다르기 때문에 본인이 연재하는 소설이 누구를 타깃으로 하는지 미리 알아두고 전략적으로 연재하는 것이 중요합니다. 플랫폼에 맞는 장르를 선정하는 것은 웹소설 연재에 있어 기본 중의 기본입니다.

그럼 무료 연재 플랫폼의 성격과 유행하는 장르만 알면 되는 걸까요? 아쉽게도 그렇지 않습니다. 플랫폼마다 베스트에 들어갈 수 있는 기준이 다르므로, 무료 연재를 할 때 플랫폼의 베스트 작품 선정 기준도 알아두는 것이 좋습니다. 베스트 작품에 선정되면 노출도가 올라가면서 독자 유입 비율의 차원이 달라지기 때문입니다. 재미있게 잘 쓴 소설은 어떻게든 성공한다지만, 정작 독자들에게 노출되지 않으면 인기를 끌기는커녕 이런 소설이 있는지도 모르게 됩니다. 웹소설 시장에서 노출과 홍보는 곧 최고의 프로모션이나 다름없습니다. 재미있게 쓰는 것도 중요하지만, 내 작품이 독자들의 눈에 띄는 것은 필수입니다. 앞서 재미가 최우선으로 고려되어야 할 요소라고 이야기 한 것은 아무리 프로모션과 노출을 받아도 재미없는 소설은 외면받기 때문이지, 노출과 홍보가 아예 필요 없다는 소리가 아닙니다. 과장 보태지 않고 하루에도 소설이 수백 편씩 쏟아져 나옵니다. 기본적으로 누군가 내 글을 읽어줄 거라는 희망을 버리고, 어떻게든 독자들의 이목을 끌기 위해 갖은 방법을 써야 하는 게 이 시장입니다.

무료 연재 전략은 플랫폼의 베스트 정책에 따라 조금씩 달라질 수 있습니다. 흔히 정공법으로 '투베 도전하는 방법'이 있는데, 이는 각 플랫폼마다 베스트 작품 산정 정책이 바뀌면 소용 없어지는 관계로 여기서는 기본적인 방법만 간략히 알아보도록 하겠습니다. 몇 달 사이에 플랫폼의 분위기나 한 장르에서 유행하는 소재가 바뀌기도 하고, 유행하는 소재가 바뀌기도 하고, 내가 무슨 소설을 쓰는지, 그리고 그 주에 어떤 소설들이 연재되고 있는지에 따라 전략을 달리해야 할 때도 잦기 때문입니다.

무료 연재 전략

독자들은 어떻게 웹소설을 읽을까요? 대부분 휴대폰으로 무료 연재 플랫폼 앱을 통해 읽을 것입니다. 그러므로 무료 연재처에서 연재를 시작하고자 하는 작가들은 연재하려는 플랫폼 앱을 자세히 들여다 볼 필요가 있습니다. 앱에서 베스트 탭에 들어가봅시다. 대부분 직사각형의 **소설 표지와 제목**, 그리고 길어야 두 줄 이내의 **소개글**이 제공될 것입니다(이는 조아라의 예시고, 문피아는 소개글은 보여주지 않습니다).

즉, 독자들은 표지, 제목, 소개글만 보고 우리의 소설을 볼 지 말지 판단해야 하는 상황인거죠. 넘쳐나는 소설들 속에서 이목을 끌지 못한다면? 내

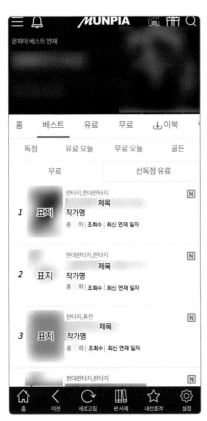

문피아의 베스트 화면(모바일)

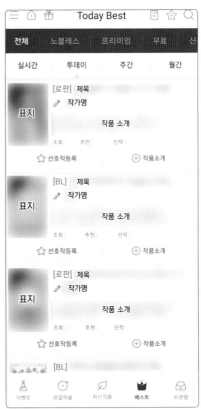

조아라의 투데이 베스트 화면(모바일)

가 열심히 쓴 소설을 기다리고 있는 건 무심히 스크롤 해버리는 차가운 손가락뿐입니다. 심지어 지금 우리가 들어가 본 탭은 베스트 탭입니다. 베스트에서도 취사선택이 수시로 일어나는 마당에, 베스트에 들지 못한 작품들에겐 더 가차 없겠죠. 그렇기 때문에 우리는 **아래 세 요소**에서 어떻게든 주의를 끌어야만 합니다.

❶ **제목**

원래 제목을 짓는 게 가장 어렵습니다. 제목은 작품의 내용을 담고 있으면서도 독자의 호기심을 자극해야 하기 때문입니다. 소설의 제목을 짓기 전에, 잠시 다른 소설들의 제목은 어떤지 둘러봅시다. 정말 많은 소설들이 '천재 ㅇㅇ가 되었다.' 라거나 '환생했더니 SSS급 ㅇㅇ'같은 식으로 문장형 제목을 채택하는 것을 볼 수 있습니다. 그렇다면 내 소설도 이와 유사한 제목을 지어야 할까요? '이건 너무 양산형 소설 같고 소설이 가벼워 보이는데요?'라는 생각이 들 수도 있지만, 대부분 그런 형식의 제목을 채택하는 데는 다 이유가 있습니다.

제목이 모호한 소설은 독자들이 클릭하지 않기 때문입니다! 뉴스 헤드라인이 점점 자극적이고 클릭을 유도하는 방향으로 변해가는 것을 떠올려 보세요. 앞서 언급한 대로 독자에게 노출되는 정보는 제목과 짧은 소개글 뿐입니다. 그런데 시장에 소설은 넘쳐납니다. 무슨 내용인지 모를 제목과 짧은 소개글을 읽으며 이 소설이 뭐 하는 소설인지, 재미있는지 없는지 살필 시간이 없다는 소리입니다. 독자 입장에서는 1화부터 천천히 소설을 들여다볼 여유가 없어, 한눈에 무슨 내용인지 파악할 수 있으면서도 재밌어 보이는 소설 위주로 클릭하게 됩니다. 그래서 결국 소설의 제목은 어느 정도 흥미를 자극하면서도 내용 소개를 겸하는 문장형으로 길어지고 있습니다.

반드시 문장형 제목을 써야 한다는 이야기는 아닙니다. 분명 문장형 제목이 유행을 끌지 못하거나, 아니면 문장형이 아니더라도 별반 불이익이 없는 장르도 있습니다. 하지만 어떤 장르는 문장형 제목이 아니면 독자들이 클릭

조차 하지 않습니다. 고로 제목을 짓기 전에 내가 쓰려는 장르부터 파악하는 건 기본입니다. 제목을 어떻게 짓는지는 작가의 자유입니다. 그렇지만 문장형 제목이 유행하는 장르를 쓰기로 마음 먹었다면, 문장형 제목을 짓는 것도 고려해봄직 합니다. 그래야 조금이라도 많은 독자가 내 소설을 읽고, 소설이 빠르게 성장할 수 있기 때문입니다.

❷ 소개글

독자들에게 이 소설이 어떤 소설인지 알릴 수 있는 최후변론란입니다. 여기까지 읽었는데 흥미를 못 느꼈다면 그 독자가 해당 소설을 다시 클릭할 때는 정말 볼 게 없거나, 아니면 소설이 베스트에 든 이후 재밌다는 입소문을 듣고 나서일 것입니다. 그러므로 짤막하게 노출되는 몇 줄 안에 독자가 읽어보고 싶은 욕구를 자극하는 문구를 넣어야 합니다. 남성향 판타지는 이런 경향이 두드러지지 않지만, 여성향 로맨스와 BL은 특히 '키워드' 중심 시장이 형성되어 있습니다. 키워드는 작품 인물의 특성이나 작품의 소재, 배경 등을 유형화한 태그라고 생각하시면 됩니다. 때에 따라서는 **#반전요소** 처럼 작품의 스포일러로 작용하기도 합니다. 호불호가 갈리는 소재라면 해당 키워드를 싫어하는 사람, 혹은 좋아하는 사람들은 미리 알기를 원하기 때문에, 스포일러를 감수하고서라도 키워드가 붙기 마련입니다. 따라서 베스트 탭을 잘 살펴본 다음, 현재 플랫폼에서 유행하는 키워드를 소개글에 집어넣어 관련 소재나 전개를 좋아하는 독자들의 이목을 끄는 방법도 있습니다.

❸ 표지

플랫폼에서 자체적으로 제공하는 기본 표지도 좋지만, 뭐가 됐든 다른 표지로 갈아 끼우는 것도 방법입니다. 적어도 한 번은 독자의 호기심을 자극할 수 있으니까요. 비상업용 일러스트를 사용하거나 커미션으로 내 작품에 등장하는 인물을 표지에 내걸 수도 있습니다. 커미션은 일러스트를 그리는 분들께 개인적으로 의뢰를 넣어 표지를 주문 제작하는 방식입니다. 단, 저작권이 일러스트 작가에게 있기 때문에 유료 연재용 소설 표지로는 사용할 수 없습니다. 소설 표지용 커미션은 비상업용으로 진행되며, 상업용으로 사용하고자 한다면 개인 외주로 분류되어 가격이 비싸집니다. 혹은 내가 직접 간단히 그림판으로 그려서라도 바꿀 수 있습니다. 뭐든 좋습니다. 기본 표지들 사이에서 제법 눈에 띄는 데다 조금이라도 정성이 들어간 것처럼 보입니다.

"표지를 바꾸는 데 효과가 있나요?"라는 질문을 자주 받는데, 결론부터 말하자면 분명 효과가 있습니다. 저 또한 베스트에 들기 전, 소설의 표지만 바꿨을 뿐인데도 유입과 선호작품 수가 거의 3배 이상 증가했던 경험이 있습니다.

연재 추이 살펴보기

두근두근. 모든 준비가 끝났습니다. 제목, 소개글, 표지 전부 신경 써서 준비한 다음 프롤로그, 혹은 1화를 올렸습니다. 그런데 반응이 영 시원치 않다면 어떻게 해야할까요? 처음 소설을 올리면 떨리는 마음을 안고 수시로 새로고침을 하며 누가 내 소설을 보나, 조바심내기 마련입니다. 그러나 생각보다 유입이 적고, 조회수도 오르지 않아 실망하면서 '이 소설은 망한 소설인가?' 따위의 걱정이 들기 시작합니다.

하지만 다시 독자의 눈으로 돌아가 봅시다. 1화밖에 없는 정체불명의 소설을 읽고 싶은가요? 아마 독자가 된다면 나 또한 1화밖에 없는 소설은 아주 흥미로운 제목이나 키워드가 아니라면 클릭하지 않을 것입니다. 게다가 1화만 올리고 다시는 돌아오지 않는 작가들도 많기 때문에 독자들은 섣불리 1화밖에 없는 신작을 선호 작품으로 추가하지 않습니다. 따라서 작가는 차분히 기다리는 수밖에 없습니다. 회차가 쌓이면 자연스럽게 사람들이 읽기 시작합니다. 이때 연재 추이를 보고 반응이 좋은 것 같으면 베스트에 들어갈 준비를 하는 겁니다.

1화 성적이 좋지 않은데 이 소설은 버려야 할까요?

언급했듯 1화만 가지고는 알 수 없습니다. 좀 더 인내의 시간을 가져봅시다. 그렇지만 3 화까지 올렸는데도 반응이 없다면 제목이나 소개글을 수정해 봅시다. '한 번 정한 제목을 바꿔도 되나요?' 라고 생각할 수도 있겠지만 어차피 아무도 안 보고 지나친 제목을 기억 하는 독자는 없기 때문에 바꿀 거면 그때가 기회입니다.

5화까지 썼는데도 반응이 나쁘면 어떻게 할까요?

상업적으로 가능성이 없는 것 같으면 빨리 버리는 것도 답이 될 수 있겠죠. 빠른 성공을 원한다면, 이 소설에 애정이 떨어져서 한 글자도 더 쓰고 싶지 않다면, 다른 인기 있는 소 재로 갈아타는 게 좋습니다.

그렇지만 성적이 성에 차지 않는다고 해서 무작정 작품을 버리는 건 별로 추천하지 않습 니다. 성적이 마음에 안 들 때마다 작품을 버리고 새로운 소재를 뽑아내서 연재한다 칩시 다. 새로운 소설이 대박 날 가능성은 얼마나 될까요? 운이 좋아 초반에는 인기를 끌다가 40화가 넘어갔을 때 지표가 나빠지면 어떠할까요? 초반에 인기를 끌지 못한다는 이유로 습작으로 돌린 프롤로그만 쌓는 건 결국 내가 상업적인 유행을 읽지 못한데다 필력도 별 로라는 소리와 맞닿아 있습니다. 작가가 고안할 수 있는 소재는 무한하지 않습니다. 인기 가 터질 때까지 돌려돌려 돌림판 하듯 계속 프롤로그를 쓰고 초반 회차를 연재해도 반응 이 별로라면, 내 실력이 아직 거기까지라는 뜻입니다. 운 좋게 초반 10회 차를 여러 번 갈 아서 베스트에 들었다 해도, 이후 완결까지 쓴 경험이 없다면 당연히 그 인기를 끝까지 끌어갈 수 없겠죠. 시간 낭비라고 생각될 수도 있지만, 모든 글쓰기는 경험이 됩니다. 몇 번 시도해봤는데 초반 인기몰이 및 베스트 진입이 어려우면 한 작품이라도 끝까지 완결 을 보고 다시 도전해봅시다. 소설을 완결까지 끌어나가는 것도 결국 경험에서 우러나오 는 실력이며, 연습이 되어 있지 않다면 어려운 일입니다.

앞서 언급했듯, 글을 쓰는 것은 인내심을 크게 요구합니다. 당장 성적이 성에 차지 않는 다고 해서 실력을 쌓을 기회를 차버리지 맙시다. 인기 요소를 파악하는 것도 중요하지만 결국 사람들은 재미있는 소설을 원하고, 재미있는 소설을 쓰는 건 하루아침에 얻을 수 있 는 재능이 아닙니다.

투데이 베스트 도전하기 : 연참하기

잊지 마세요. 투데이 베스트에 들어야 노출이 늘어나고 노출은 곧 독자의 유입과 출판사의 계약 제의로 이어집니다.

············· **사이트별 투베**(투데이 베스트) **기준** ·············

사이트	조아라	문피아	네이버 챌린지
베스트 노출 최소 회차 수	20화	없음	없음
투베 산정 기준	자체 점수 부여 (조회수, 선작, 추천수, 작품 용량에 따른 점수 합산)	24시간 내 최신 회차의 최고 조회수	네이버에서 자체 기준에 따라 매주 작품 승격

투데이 베스트를 이하 '투베'라고 지칭하겠습니다. 지금부터 설명할 투베 도전은 조아라 기준입니다. 다른 플랫폼은 특성상 크게 투베에 들기 위해 요구되는 사전 지식이 비교적 적기도 하고, 문피아나 네이버는 기준이 다르기 때문에 해당 플랫폼이 주력 연재처인 작가님들은 건너뛰고 읽으셔도 됩니다.

보통 조아라의 투베는 자정부터 시작해서 24시간 동안 해당 소설이 얻은 조회수, 선작수, 추천수가 집계 되기 때문에 자정이 되자마자 여러 편을 우르르 올려 랭킹을 올리는 식으로 투베에 도전합니다. 이렇게 하루에 두 편 이상 올리는 것을 '연참'이라고 합니다. 투베 도전을 시작하는 회 차는 장르마다 약간씩 다릅니다. 가령, 로맨스는 10~13화까지 천천히 연재하다가 투베에 도전하는 날 7~10회차 분을 자정에 한꺼번에 올리는 식입니다. 이렇게 하는 이유는 투베에 노출되는 작품이 '20회차 이상 연재된 작품일 것'이라는 플랫폼의 정책이 있기 때문입니다.(2021년 기준) 이런 세세한 기준은 언제든 변동될 수 있기 때문에 베스트에 도전하기 전에 본인의 장르와 더불어 플랫폼 정책을 철저히 조사하는 것을 추천합니다.

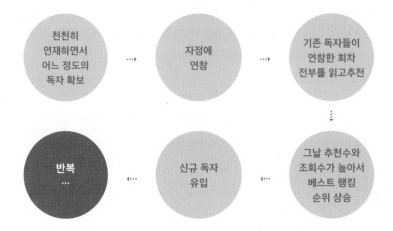

요약하자면 위와 같은 과정을 거쳐서 베스트에 진입하게 됩니다. 그렇다면 투베에 도전하려면 선작을 얼마나 쌓아야 할까요? 그건 날마다 내 작품과 경쟁하는 다른 작품들, 그리고 플랫폼을 이용하는 시기별 독자수에 따라 다르기 때문에 아무도 알 수 없습니다. 선작수가 1,000이 넘는 작품도 투베에서 미끄러지기도 하고 선작 200이었던 작품도 무난히 성공하는 등, 예측할 수 없는 변수가 많습니다. 보통 소설 플랫폼은 독자들이 바쁜 시기(시험 기간, 주중)에는 유입이 적어지고 한가해지는 시간(연휴, 주말)에는 유입이 많아집니다. 그래서 주말 투베에 도전하는 건 경쟁률이 조금 더 치열합니다.

투베에 도전하기 전, 내가 도전하는 날에 도전하는 다른 경쟁 작품이 있는지 꼭 확인해봅시다. 최근 투베를 노리고 연재되고 있는 작품이 있는지 살펴보고, 연참하기 전 공지나 작품 소제목을 통해 투베에 도전할 거라고 알린 뒤(그래야 독자분들이 업로드 되자마자 읽을 확률이 올라갑니다) 도전하는 것이 좋습니다.

TIP

투데이 베스트 공략하기

☑ 베스트 지수 산정 기준

조아라의 경우 그날의 **조회수와 새로 얻은 선작수, 추천수**로 베스트 지수를 산정합니다. 즉, 이제 막 투베에 노출된, 갓 20회 차 연재된 작품이 베스트 1위가 될 확률이 높습니다. 새로 투베에 노출되었으니 그 작품을 미처 발견하지 못했던 독자들이 선작도 많이 누를 것이고, 10회 차 가까이 새로 연재되었으니 기본적으로 얻어가는 조회수가 상당하거든요.

그래서 20회차에 처음으로 투베 도전하는 게 아니더라도, 50~60회 차 쌓여 있던 작품 또한 선작 수가 적으면 연참을 통해 투베 도전을 할 수 있습니다.

☑ 투베와 선작수

조아라의 경우 투베에 도전하기 전에 선작수가 너무 적어도, 많아도 곤란합니다. 베스트 지수 산정 기준에 '신규 선작수'도 포함되어 있기 때문입니다. 투베 오르기도 전에 이미 너무 많은 독자가 선작을 선택한 경우, 신규 선작 수 자체가 줄어 베스트에서 미끄러지는 경우도 왕왕 있습니다. 반대로 투베 도전할 때 선작수가 너무 없으면 자정에 연참하자마자 새 회 차를 읽는 독자의 수 자체가 적어서 베스트에 들기 어렵습니다.

투베에 들기 위한 장르 조사는 어떻게 하나요?

일주일간 투베 탭을 확인해 보세요. 어떤 작품이 자정에 투베 랭킹에 오르는지 확인하다 보면 연참에 필요한 회 차수나 트렌드, 투베에 도전하기까지 연재 기간 등을 확인할 수 있습니다. 요약된 정보를 얻고 싶다면 네이버나 구글 등에 웹소설 작가 커뮤니티를 검색한 다음 각종 정보를 찾아보는 것도 방법입니다.

연참해서 투베에 오르면 끝일까요? 아닙니다. 계속해서 연참을 해야 다음 날도, 그 다음 날도 새로 유입된 독자들이 작품을 보면서 투베 순위가 유지됩니다. 투베 탭에 오래 노출될수록 신규 독자가 유입될 확률도 높아지기 때문에 기왕이면 오래도록 머무르는 게 좋겠죠. 이걸 소위 '알박기'라고 합니다. 1위에 오래 머물러 있을수록 관심 없던 독자들도 '아, 저 작품 재밌나 봐' 하고 클릭해 볼 가능성이 높아집니다. 투베에 올라간 다음날도 7회차 씩 연재하는 건 아닙니다. 다음날 자정에는 2회차를 올리고 그 다음 날도 2회차를 업로드하는 식인거죠. 투베에 올라가는데 성공했다면 최소 3일간 2회차 씩 연참하는 것을 추천합니다. 여기서 '**투베에 성공했다**'는 기준은 대략 전체 3위까지입니다. 투베에 들었는데 20위 밑으로 떨어지면 생각보다 신규 독자 유입이 어려울 수 있습니다.

투데이 베스트 이후

보통 투베에 들면 출판사에서 계약하자는 메일이 많이 옵니다. 1위에 올라가면 적어도 10개가 넘는 출판사에서 메일이 올 것입니다. 꿈만 같은 상황이죠. 소개글에 아무런 정보나 메일 주소를 적어놓지 않았다면 플랫폼 쪽지를 통해 연락이 올 텐데, 보다 적극적으로 컨택을 받고 싶다면 작가용 이메일을 소개글에 적어놓는 것도 방법입니다. 평소 사용하던 메일 주소는 작가의 신상이 노출될 수 있는 관계로, 새로운 작가 계정을 만드는 것을 추천합니다. Gmail은 계정을 제한 없이 여러 개 만들 수 있기 때문에 필명 별로 이메일을 다르게 만들 수 있습니다. 작가용 이메일을 자주 쓰는 포털 메일에 연동해 두면 출판사에서 오는 메일들을 보다 편리하게 받아 보는 것도 가능합니다.

조아라에서 무료 연재를 했을 경우, 출판사 측에서 하는 제안은 크게 두 종류입니다.

❶ 유료 연재 계약

리디북스의 기다리면 무료, 혹은 카카오페이지의 독점 연재나 기다리면 무료 탭에 연재될 작품으로 계약하는 경우입니다. 주로 BL과 로맨스 판타지, 19금 현대 로맨스 장르가 이와 같은 경로를 거쳐 유료 연재 됩니다. 같은 여성향이라도 15금 현대 로맨스는 네이버가 강세이고 대개 네이버 챌린지에서 연재하다가 유료 연재로 넘어가곤 합니다. 유료 연재의 장점이라 하면, 단행본으로 출간하는 것보다 인세를 더 빠르게 수령하게 되고, 선인세가 최소 n백, 많으면 n천만 원 단위로 책정되는 것 등을 꼽을 수 있습니다. 그래서 기성이든 신인이든 조아라에서 연재하는 작가들 상당수는 유료 연재 계약을 노리고 계획적으로 투베에 도전합니다.

❷ 단행본 계약

유료 연재를 하지 않고 단행본으로 출간 계약을 하는 경우도 있습니다. 주로 19금이 강세인 장르와 작품들이 대체로 이런 경향을 보입니다. 물론, 단행본을 낸다고 해서 갑자기 대박이 터지는 건 절대 아닙니다. 하루에도 수십 종이 넘는 신작이 쏟아지는데, 거기서 내 작품이 안 묻힌다고 장담할 수 없기 때문입니다. 출간 이후 숨 막히는 프로모션 전쟁에서 살아남아야 합니다. 그러기 위해서는 내 작품이 인기가 있어야 하고, 인기를 얻으려면 독자들의 입소문을 타야 합니다. 이것이 바로 무료 연재를 하는 이유입니다. 무료 연재는 일종의 홍보 전략입니다. 그래서 유료 연재를 하지 않고 단행본 시장을 노린다면, 무료 연재처에서 완결 후 출간하는 루트를 많이 탑니다.

투베 도전에도 실패하고 컨택도 하나도 오지 않았다면 어떻게 하죠? 작품을 버려야 할까요? 아닙니다. 우리에게는 아직 투고가 남아 있습니다. 출판사마다 투고 조건을 확인한 뒤 내 원고를 보내면 됩니다. 가끔 투고로 들어온 작품은 차별한다는 소문이 들리는데 대부분의 출판사는 그렇지 않습니다. 오히려 섭외 메일을 보내지 않은 좋은 출판사와 계약하는 기회를 잡을 수도 있습니다. 실제로, 저도 비인기작을 넘어 망작(대략 30화까지 연재했는데 선작수 100대) 수준의 밑바닥 작품을 투고해서 세 곳 이상에서 긍정적 답변을 얻었습니다. 끝까지 포기하지 맙시다.

02 투고 후 계약하기

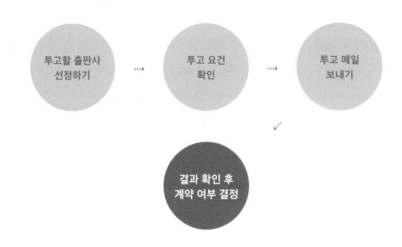

앞서 무료 연재를 하지 않고 바로 출판사에 원고를 투고하는 방법도 있다고 설명했습니다. 심지어 어떤 장르는 연재 과정 없이 거의 투고를 통해 작품이 계약되기도 합니다. 단, 이는 주로 여성향 장르에서 행해지는 방법입니다. 남성향에서는 무료 연재 후 유료 전환이 강세이므로, 만일 본인이 남성향에 도전한다면 출판사에 이메일 보내는 요령 정도만 읽고 넘어가도 무방합니다.

투고할 출판사 선정

플랫폼마다 투베 도전법이 달랐듯, 출판사마다 투고 양식도 조금씩 다릅니다. 그렇기 때문에 우선 내가 계약하고 싶은 출판사를 찾는 게 선행되어야 합니다. '어떤 출판사가 좋은가요?'에 대한 답은 다음 장에서 조금 더 상세히 다루겠습니다. 만일 아직 출판사를 정하지 못했다면 출판사 고르는 방법을 먼저 읽고 와도 됩니다. 계약할 출판사를 정했다면 해당 출판사의 홈페이지나 블로그 SNS를 확인합시다. 대체로 투고용 원고를 보낼 이메일과 양식, 방법에 관해 안내되어 있을 겁니다. 단, 일부 대형 출판사는 자리가 마감되어 올해, 혹은 상반기나 하반기에는 더는 원고를 받지 않는다고 공지하기도 합니다. 따라서 투고할 출판사의 공지를 확인하는 건 필수입니다.

투고용 팁을 적자면, 투고하고자 하는 출판사의 성격과 내 작품 성향이 맞는지를 최우선적으로 고려해야합니다. 출판사별로 선호하는 작품 분위기가 조금씩 다르기 때문이죠. 규모가 크다고 해서 고수위 19금만 전문적으로 출간하는 곳에 일상잔잔물인 내 소설을 투고해서는 안 된다는 이야기입니다. 투고하려는 원고가 어떤 장르인지, 어떤 분위기이고 주요 수요층이 어떻게 되는지 먼저 파악한 다음, 비슷한 작품을 많이 낸 출판사 위주로 투고하는 게 성공 확률을 높여줍니다.

투고 요건

보통 공백 미포함 약 5~10만자 분량의 원고(연재로 약 10~20편 정도의 분량) 혹은 완결된 원고를 요구합니다. 그리고 시놉시스도 준비해야 합니다. 출판사 측에서 먼저 계약하자고 메일을 보내온 경우라면 계약서에 날인 한 뒤 시놉시스를 제출하는 경우도 있기 때문에 부담감이 적습니다. 하지만 투고하는 경우에는 시놉시스가 곧 내 작품에 대한 소개이기 때문에 신중히 적어야 합니다. 앞서 설명한 시놉시스 양식과 적는 요령을 다시 확인합시다. 이외에도 대형 출판사에서는 간혹가다 연재처 성적이나 기존에 출간했던 작품의 성적을 요구하는 경우도 있습니다.

투고 메일 보내기

　메일에 '투고합니다'만 써서 보낼 수는 없는데…. 막상 메일을 쓰려니 투고 메일을 보내는 것도 쉽지 않게 느껴집니다. 작가 대 출판사로 연락을 주고받는 다는 건 비즈니스로 이메일을 주고 받는다는 뜻입니다. 특별히 다른 양식이 있는 건 아니고, 평범하게 거래처와 이메일을 주고 받는 것처럼 쓰면 됩니다. 출판사와 작가 간의 첫인상을 결정하는 것은 나의 이메일이기 때문에 가급적이면 예의 바르고 절제된 문장으로 이메일을 보내는 게 좋습니다.

·················· **투고용 이메일 예시** ··················

받는 사람

참조

제목　　　□□ 장르 웹소설 <원고 제목>을 투고합니다.

파일 첨부　　↳ 제목입니다. 메일을 보내는 의도가 헷갈리지 않도록 필요한 내용만
　　　　　　　간결히 적는 게 좋습니다.

안녕하세요, 작가 □□□ 입니다.(작가 필명 소개)
　　　　↳ 소개입니다. 메일을 보내는 이가 누구인지 명확히 밝힙시다.

다름 아니라, 저는 □□ 출판사에서 출간한 작품 중 <○○○>, <○○○>를 인상 깊게 읽은 독자입니다. 독자로서 귀사의 작품을 재밌게 읽은 것에서 그치지 않고 이번에는 작가로서 □□ 출판사와 함께 작업을 해보고 싶어 메일 드렸습니다.
　　↳ 짧은 인사말과 함께 메일을 보낸 의도를 밝힙니다.

□□ 장르 부문, 연재/단행본으로 <원고 제목>을 투고합니다. 시놉시스와 약 n만 자 가량의 원고를 파일로 첨부했습니다.
　　↳ 본론입니다. 메일에 포함된 첨부파일 및 보내는 원고에 관한 정보를
　　　조금 더 적어주셔도 좋습니다.

벌써 여름의 더위가 한풀 꺾이고 가을이 찾아오면서 날씨가 선선해진 가운데, 제 투고 메일을 검토해주셔서 미리 감사하다는 말씀을 전하고 싶습니다.
　　↳ 맺음말입니다. 굳이 거창할 필요는 없고 짧게 쓰거나 때에 따라서는 생략해도 됩니다.

감사합니다.
　　↳ 끝맺음 인사입니다.

투고용 이메일을 보낼 때 주의사항

❶ 레이블 확인

출판사가 큰 경우 레이블이 나뉜 경우가 있습니다. 이를테면 리디북스의 경우 로즈엔(로맨스), 나인(19금 로맨스 전문), 비욘드(BL)로 각각 출판사의 이름은 다르지만 같은 회사에서 운영하고 있습니다. 보통 이럴 때는 장르별로 투고용 원고 접수 메일 주소가 다르기 때문에 반드시 '투고용 원고 접수 메일 주소'를 확인합시다.

❷ 예의

동시에 여러 출판사에 투고하는 경우 하나의 이메일을 여러 출판사에게 보내기도 하는데, 예의에 어긋납니다. 이메일은 한 출판사당 하나씩, 따로 적도록 합시다. 어차피 출판사마다 요구하는 투고 형식도 조금씩 다르므로, 단순히 복사해서 붙여넣기하거나 무성의한 느낌을 주지 말고 요구하는 조건에 정확히 맞춰서 원고를 보내도록 합시다. 공지사항조차 제대로 안 읽고 투고하면 좋은 첫인상을 주기 힘듭니다.

결과 확인 및 계약 여부 결정

투고하게 되면 빠르면 몇 시간 내(!) 느리면 5주 가까이 원고를 심사하게 됩니다. 실제로 제가 투고했을 당시 받아본 답장 속도였고, 결과는 둘 다 긍정이었습니다. **답장이 늦게 온다고 떨어지는 건 아닙니다. 절대 겁먹지 마세요**. 대형 출판사는 투고 메일 답변에 어느 정도 기간이 걸린다고 명시하는 곳도 있습니다. 기간 안에 답이 오기 때문에 너무 조바심 낼 필요는 없습니다.

투고했으면 답변을 기다리기까지가 제일 떨립니다. 긍정 메일이 오면 좋겠지만 거절 메일이 오면 마음이 아프죠. 그래도 한 군데는 내 원고를 받아주기 마련입니다. 그런데 이제 문제는 여러 곳에 붙으면 발생합니다. 반드시 한 출판사와만 계약해야하기 때문에, 아무리 긍정 메일이 와도 한 곳만 고르고 나머지 출판사에는 거절 메일을 보내야 하거든요. 실은 이건 무료로 연재하다 출간 제안을 받아도 마찬가지입니다. 내 원고를 성의껏 읽고 메일을 보내주셨으니, 출간 제의를 거절해야 할 경우 거절 메일을 보내는 것이 예의입니다.

·············· **거절 메일 예시** ··············

받는 사람	
참조	
제목	Re: □□ 장르 웹소설 <원고 제목>을 투고합니다.
파일 첨부	

안녕하세요, 작가 □□□ 입니다.
 ↳ 인사와 함께 메일을 보내는 주체가 누구인지 밝힙니다.

저의 원고 <작품 제목>을 긍정적으로 평가해주셨는데 이런 메일을 드리게 돼서 죄송합니다.

여러 날 숙고해본 결과, 제 개인 사정으로 인해 <작품 제목>은 계약하기 어려울 듯 합니다. 추후 차기작에서 ㅁㅁ 출판사와 인연이 닿았으면 좋겠습니다.
 ↳ 보내주신 메일에 답장하는 것이기 때문에 미사여구 없이 정중히 거절하겠다는 의사를 밝히면 됩니다. 원한다면 맺음말을 추가해도 상관은 없습니다.

감사합니다.
 ↳ 역시 정중히 인사하고 끝냅니다.

거절 메일은 예의만 갖춰 비교적 짧게 보내도 무방합니다. 이외에도, 출판사가 긍정적 답신을 보내준 것은 고마우나 계약 조건이 마음에 안들 수도 있습니다. **내가 투고 했다고 해서 반드시 계약할 필요는 없습니다.** 계약 조건이 마음에 안 들면 절대 계약하지 마세요. 원고는 소중합니다. 투고한 원고에 대해 긍정적인 답신이 와도, 어떤 이유에서든 계약 의사가 없는 경우에는 확실히 거절 메일을 보내는 것이 좋습니다.

투고 시 주의사항

❶ 한글 배포용 원고 설정

원고를 보낼 때 내용을 복사하거나 수정할 수 없게 한글 배포용으로 파일을 보내도록 합시다. 최소한의 안전책입니다. 배포용으로 보낸 원고는 오로지 열람만 할 수 있습니다. 해당 기능은 한글의 보안 탭에 위치합니다.

한글 메뉴의 '보안 > 배포용 문서로 저장'

❷ 이메일 주의 또 주의

작가용 이메일을 사용합시다. 제목과 내용은 반드시 신경써야 하고, 혹시라도 무성의하게 보이는 부분은 없는지 확인하세요. 파일도 제대로 첨부했는지 확인합시다.

❸ 내용 주의

아무리 이메일을 멋들어지게 썼다한들, 보낸 원고가 엉망이면 소용없겠죠? 출판사에서 요구하는 투고 요건을 잘 확인하는 건 몇 번을 해도 지나치지 않습니다.

이제 남은 건 대망의 계약입니다. 컨택이든 투고든 계약서 이야기가 오가는 단계까지 왔다면 정말 축하해야 할 일입니다. 약간만 더 수고하면 정말 내 작품이 내 필명을 달고 세상 빛을 보는 게 머지 않았다는 뜻이니까요. 그런데 내 작품에 관심을 보였다고 해서 아무 출판사와 계약을 하는 건 곤란합니다. 힘들게 원고를 썼는데 악덕 출판사와 계약해버리는 바람에 고생만 하면 큰일이잖아요. 다음 장에서는 출판사 고르는 팁과 계약서를 읽을 때 중점적으로 봐야 하는 조건들을 간략하게나마 일람하도록 하겠습니다.

······················· **Q&A** ·······················

투고도 다 떨어지면 어떡하나요?

투베도 망하고 투고도 다 떨어졌습니다. 내 소설은 세상 빛 보기 글러먹은 것 같아요. 하지만 좌절할 필요 없습니다. 여러 출판사에 투고를 보내다 보면, 출판사에서 내 소설에 관해 피드백을 해주는 경우가 꽤 되며 설령 거절이라 할지라도 어떠한 이유에서 거절하는지 알려주기도 합니다. 출판사에서 내 작품이 어떤 부분이 상업적으로 미흡한지 리뷰해줬으면 그대로 피드백을 수용해 작품을 고치면 됩니다.

리메이크 혹은 수정을 거쳐, 수정한 원고를 다시 투고해도 괜찮습니다. 출판사는 거절한 원고가 재 투고 된다고 해서 손가락질하지 않습니다. 오히려 출판사의 요구 사항대로 깔끔히 원고를 고치면 다시 투고했을 경우 붙을 확률이 높습니다. 그러니 상심하지 마시고 작품을 고쳐봅시다.

···

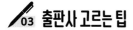# 03 출판사 고르는 팁

좋은 출판사 = 나랑 잘 맞는 출판사

불변의 공식이라고 생각합니다. 대형이라고 해서 무조건 좋은 것도 아니고, 소형이라고 해서 무조건 나쁜 것도 아닙니다. 모든 작가들이 신인 작가인 때가 있듯, 소형 출판사, 신생 출판사에서 시작한 출판사들도 분명 n년 뒤 중대형 출판사로 성장할 수 있습니다. 체계가 잘 잡힌 신생 출판사의 초기 작가로 활동해서 그 출판사가 대형이 됐을 때, 투고하지 않고 원고를 보내는 것만으로도 계약을 척척 따내는 것도 아주 불가능한 일은 아닙니다. 따라서 출판사를 고를 때는 나와 출판사가 잘 맞는지가 최우선이고, 규모는 그다음이라고 생각합니다.

하지만 그래도 조건을 아예 안 볼 수는 없습니다. 분명 좋은 조건과 나쁜 조건은 실존합니다. 이번 장에서는 출판사를 고를 때 어떤 점을 중점적으로 봐야 하는 지, 그리고 어떤 조건을 내걸면 계약하지 말아야 하는지를 일람하도록 하겠습니다.

1) 출판사를 고를 때 참고할만한 기준

표지가 예쁜 작품이 많은 출판사

유명 일러스트레이터를 적극적으로 기용하거나 예쁜 표지가 많은 출판사일수록 표지에 돈을 아끼지 않는 곳입니다(물론 작가의 사비가 들어간 작품일수도 있습니다). 표지야말로 중요한 마케팅인데 여기에 돈을 아낀다는 건(표지가 안 예쁜 걸 떠나서 성의가 없어 보일 정도면) 작품에 별반 투자를 안한다는 뜻입니다. 다른 케어도 전반적으로 안 좋을 확률이 높습니다. 일단 출판사에서 기출간한 작품의 표지를 살펴본 뒤, 계약할 때 표지 상한가가 정해져있는지, 만일 정해져 있다면 내 작품에는 얼마나 투자해 줄 수 있는지 확실히 물어보도록 합시다.

출간 작품 수가 적당히 많은 곳

앞서 말했듯 신생이라고 거를 필요는 없는데, 본인이 안정성을 원한다면 적당히 많은 작품을 낸 곳과 일하는 것을 추천합니다. 신생 출판사가 무조건 나쁜 건 아니지만 교열이 엉성하거나 작가 케어가 엉성하면 생각보다 일하는 게 고생스러울 수 있습니다.

교정 교열을 잘 보는 곳

이건 해당 출판사에서 나온 책 몇 종을 읽어봐야만 알 수 있습니다. 정 바쁘다면 리뷰를 훑어보면서 교정 교열에 관한 지적이 너무 많지는 않은지 살펴봅시다. 오탈자가 너무 심하거나 비문 검수가 안 된 책을 내는 곳이라면 계약을 재고해야 합니다. 일하면서 스트레스를 심하게 받을 확률이 높습니다.

전속 작가가 있는 곳

특히 유명 작가가 한 출판사와 여러 종을 다작했다는 건, 그만큼 출판사의 케어에 만족하고 서비스가 괜찮다는 뜻입니다. 출판사에서 출간한 작품을 볼 때, 작가들이 한 종만 작업하고 이탈하는 경우가 잦으면 계약을 재고해봅시다. 반대로 한 작가가 해당 출판사와만 쭉 작업한다면 어느 정도 신뢰할 수 있다고 봐도 무방합니다.

2) 절대 계약하지 말아야 할 출판사

정산 비율이 말도 안 되는 출판사

통상적으로 정산 비율은 7:3입니다. 아주 일부 대형은 6:4, 아니면 플랫폼 수수료가 제외된 직계 출판사면 5:5도 제안하는데, 이외는 거의 7:3입니다. 이보다 안 좋은 비율을 제시하면 굳이 계약할 필요 없습니다. 계약이 아쉬운 신인 위주로 노리는 출판사일 확률이 높습니다.(몇 작품 출간한 기성작가는 절대 계약 안 하니까요.) 특히, 신인한테만 비율을 낮게 책정해주고 다음 작을 내면 비율 올려준다고 하는 곳은 더 보지도 말고 거르세요. 비율도 안 좋은데 여러 작품을 묶음으로 계약해야 한다고 주장하는 곳도요. 더 좋은 곳이 많습니다.

정산에 문제 있는 출판사

출판사 재정 상태가 부실하면 작가 인세를 지급하지 않기도 합니다. 진짜 놀랍지만 있습니다. 혹은 장부를 조작(!)하기도 합니다. 이런 곳은 정말 전설적으로 회자 될 만큼 답이 없는 곳이니 절대 계약하면 안 됩니다. 계약하기 전에 출판사 관련한 정보는 작가 커뮤니티 등에 한 번쯤 검색해보는 것도 좋습니다. 네이버에 '웹소설 작가'만 검색해도 대형 카페를 쉽게 찾을 수 있습니다. 보통 출판사와의 계약 조건은 대외비 항목이기 때문에 자세한 정보는 얻기 힘들지만, 믿고 거르는 수준의 악성 출판사는 조금만 검색해 봐도 절대 계약하면 안 된다는 글을 쉽게 발견할 수 있습니다.

3) 확인해야 할 계약 조건

눈여겨봐야 할 계약 조건들입니다. 출판사와 메일을 주고 받는 과정에서 하기 계약 조건 정보를 먼저 알려주지 않는다면, 다음 항목들을 물어 본 다음 계약 진행하는 걸 추천합니다. 계약서에 명시되는 것과 메일로 주고 받는 조건 간에는 약간 차이가 있습니다.(ex. 구체적인 프로모션 내용 등)

계약서 서명 전 확인할 사항

❶ 선인세

선인세는 어차피 작품 출간 후 정산금에서 제하는 금액입니다. 정산금을 미리 받는 거죠. 그래서 당장 돈이 급한 게 아니라면 사실 큰 금액을 받을 필요는 없습니다. 오히려 너무 많이 받으면 작품 런칭 후 선인세를 제하느라 통장에 들어오는 돈이 0원이 될 수도 있습니다(사기는 아니고 미리 당겨 쓴 돈을 갚는 느낌입니다). 단, 선인세는 출판사의 투자금이기 때문에 선인세를 다 못 갚아도 상관은 없습니다. 이 작품을 출간하면 적어도 이만큼 팔 수 있다고 예상하고 출판사에서 투자하는 돈이기 때문입니다. 대신 갚을 때까지 정산되는 금액이 0일 뿐입니다.

선인세를 많이 주겠다고 하는 곳은 출판사의 재력(!)을 자랑하는 느낌, 혹은 내 작품의 가치를 높게 쳐주는 느낌입니다. 이 부분은 본인이 원하는 대로, 자금 상황을 봐서 결정합시다.

❷ 정산 비율

최소 6:4(대형인 경우), 아니면 7:3이 대다수입니다. 간혹 영향력이 약한 작은 출판사에서 9:1도 제안하긴 하는데 비율이 높은 만큼 다른 리스크가 있을 수 있으니(영업력이 약함 혹은 표지 지원 없음 등) 신중히 선택하는 게 중요합니다.

❸ 표지 지원 상한금

웹소설 표지 제작 단가는 일러스트레이터에 따라 다르지만 인물 수와 의상의 장식 등 복잡도에 따라 결정됩니다. 대부분 70~100만원 선으로 가격이 형성되어 있지만(2021년 기준) 유명한 일러스트레이터의 경우 그보다 더 비싼 가격에 외주 값이 책정되기도 합니다. 일러스트레이터의 경우, 내가 원하는 작가를 섭외할 수도 있고, 원하는 작가가 없거나 일러스트레이터 정보가 없다면 출판사에서 전속 작가를 붙여주거나 포트폴리오를 보여주면서 선택지를 주기도 합니다. 이때, 표지 상한가보다 일러스트 금액이 비싸면 작가의 사비로 일러스트 금액을 충당해서 표지 작업이 진행되는 경우도 있습니다. 따라서 출판사에서 표지에 얼마를 투자할지 미리 알아보는 것이 중요합니다. 보통 '100만원 ~ 상한가 없음'을 제시하면 괜찮은 곳입니다. 인색한 경우 50만원으로 부르기도 합니다. 작가에게 지원하는 금액이 부적절하다고 생각되면 계약하지 않는 게 좋습니다.

④ 프로모션

프로모션은 플랫폼이 결정하기 때문에 출판사에서 미리 '이런 프로모션을 확정해서 넣어줄 수 있다!'라고 하기 어렵습니다. 그런데 프로모션에 관해 물어보면 얼버무리는 곳이 있는 반면, 진행했던 프로모션을 이력을 정리해서 보여주는 곳이 있습니다. 어떤 곳이 더 좋은 출판사인지는 확실하죠. 또한 유료 연재도 프로모션의 일환이기 때문에 **기다무**[1]나 **독연**[2] 심사를 넣어볼 수 있다고 제안하는 곳은 프로모션 영업력이 있는 곳입니다. 웹소설은 노출이 생명이기 때문에 기왕이면 프로모션을 잘 주는 곳으로 가면 좋습니다. 단, 대형이라고 언제나 프로모션을 잘 얻어오는 건 아니며(상대적으로 프로모션을 자주 걸 수 있을 뿐), 확정할 수 없기 때문에 출판사 영업 능력만 적당히 파악합시다.

⑤ 교정 교열 검수 과정

총 몇 번 교정이 진행되는지, 교정은 어떤 과정으로 진행되는지 미리 물어보면 좋습니다. 출판사 내부에 교정 교열 팀이 있는 쪽이 낫습니다. 교정을 외주로 맡기는 곳은 아무래도 교정 상태가 좀 들쭉날쭉하고, 심한 경우 원고를 안 읽어보고 교정한 것처럼 보내주기도 합니다. 사실 교정이야말로 출판사와 작가가 일대일로 작업을 진행하는 부분이기 때문에 의외로 이 부분이 불만족스러우면 스트레스가 큽니다.

---

1 **기다무:** 카카오페이지에서 서비스하는 '기다리면 무료'의 줄임말입니다. 심사를 통해 유료 연재할 소설을 선발하는데, 이 또한 프로모션입니다.

2 **독연:** 카카오페이지에서 서비스하는 '독점 연재'의 줄임말입니다. 기다무와 마찬가지로 독점 연재 또한 프로모션입니다.

계약서 서명 전 확인할 사항

❶ 선인세 및 정산 비율

이메일 상으로 이야기 했던 비율과 금액 그대로 적혀있는지 꼭 확인합시다. 7:3이라고 했다가 계약서 상에 6:4로 조정되어있으면 큰일이죠. 계약서는 항상 꼼꼼히 검토합시다.

❷ 계약 기간

출판사와의 계약 기간은 영원하지 않습니다. 계약 기간이 만료되면 원고를 판매 중지할지, 아니면 계약을 연장할지 정할 수 있습니다. 출판사마다 계약을 연장하는 방법이나 판매 중지 요청 기간(계약 해지를 요청할 수 있는 기간)이 조금씩 다르니 계약서를 잘 읽어보시길 바랍니다. 계약 기간이 10년이라든가, 그에 준하는 비상식적인 기간을 제시한다면 악덕 출판사일 확률이 높습니다. 터무니없어요. 본인 생각에 적당하다고 생각하는 조항이 아니라면 수정할 수 있는지 물어봅시다.

❸ 2차 저작물

요즘은 웹소설이 드라마로 제작되거나 웹툰화도 많이 됩니다. 2차 저작에 관한 조항도 필수적으로 확인합시다. 출간된 작품일 경우 내가 웹툰화를 하고 싶다고 할 수 있는 게 아니라, 반드시 출판사와 협의하여 작업해야 합니다. 계약 시 2차 저작 항목은 따로 기입 되는 것이 원칙인데, 보통은 2차 컨텐츠를 제작하게 되면 계약서는 새로 씁니다. 이 부분을 출판사에 맡긴다는 식으로 얼버무리고 있지는 않은지 확인해 봅시다. 정상적인 계약서라면 추후 작가와 출판사가 합의해서 진행하며 해당 출판사에게 우선권을 부여한다는 식으로 되어있을 겁니다.

원고를 제때 인도하지 못했을 때, 혹은 계약을 파기할 때 어떤 조건으로 손해 배상해야하는지 명시되어 있습니다. 이 부분이 작가에게 지나치게 불합리하게 되어 있으면 그게 바로 독소조항입니다. 잘 읽어보세요.

그 외의 주의사항

천재지변 이외에도 병에 걸리거나 아니면 작가의 사정상 원고 인도일로 표기한 날짜까지 원고를 못 보낼 수도 있습니다. 이럴 때는 절대 잠적하거나 계약을 파기하지 마시고 원고 인도를 미룰 수 있는지 연락하시기 바랍니다. 대부분 출판사는 엄격하게 손해배상 금액을 청구하기 보다는 원고 인도일을 조정해줄 것입니다. 런칭 일자가 잡힌 유료 연재는 조금 잡음이 있겠지만 아직 교열 작업도 안 들어가서 출판사의 투자가 0에 가까울수록 조정이 수월합니다. 그렇다고 해서 차일피일 미루진 마시고요. 가급적이면 계약서에 최종 원고 인도일은 넉넉하게 잡고, 기간 안에 원고를 보냅시다.

04 표지 제안서 쓰기

디자인 표지를 쓸 수도 있지만 대부분의 웹소설은 일러스트 표지를 쓰는 추세입니다. 통상적으로 디자인 표지는 인물이 등장하지 않고 일반 서적처럼 글씨와 패턴, 사물 등의 장식으로 디자인 된 표지를 말합니다. 일러스트 표지는 전문 일러스트레이터가 소설 속 등장인물을 만화 캐릭터, 혹은 실사 인물처럼 그린 표지를 말합니다. 일러스트 표지를 어떻게 그릴 지 지시하는 건 다름 아닌 작가 본인입니다. 출판사에서 일러스트레이터를 선정해서 직접 표지 제안을 해주기도 하지만, 그렇게 해서 제작된 일러스트가 마음에 들지 않는 경우 작품 집필 의욕이 떨어지기도 합니다. 독자들은 일러스트만 보고 소설을 볼지 말지 결정하는 경우도 있는데다, 소설의 첫인상을 담당하는 부분이기 때문에 기왕이면 예쁜 일러스트 표지를 제작하는 게 중요하겠죠.

일러스트 표지를 제작하는 데는 외주 비용이 들어가므로 신중해야합니다. 출판사마다 표지에 쓸 수 있는 예산도 정해져 있기까지 하니, 일러스트레이터 선정부터 제작까지도 작가가 신경 써야 하는 부분 중 하나입니다.

일러스트 표지 제작 과정은 대략 다음과 같습니다.

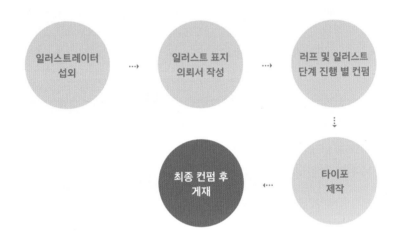

1) 일러스트레이터 섭외

출판사 전속 일러스트레이터가 배정되는 경우도 있지만, 작가가 직접 일러스트레이터를 지정해서 외주를 신청하는 것도 가능합니다. 단, 본인이 원하는 일러스트레이터가 있을 경우 미리 작업을 의뢰해야 합니다. 인기 있는 일러스트레이터라면 일정이 꽉 차있기 때문에 가급적 빨리 일러스트레이터를 섭외하는 게 유리합니다. 또한 일러스트레이터의 의뢰 단가보다 출판사 표지 제작 지원금이 적거나 표지 이외에도 추가로 일러스트를 제작하고 싶을 때 지원금이 없다면 사비를 들여야 합니다. 이 경우는 순전히 작가 본인의 의지와 직결된 부분이기 때문에 개인의 기호에 따라 결정하면 됩니다.

2) 일러스트 표지 의뢰서 작성

가끔 SNS에 '졸라맨 구도를 그려서 드렸는데 일러스트레이터님이 금손의 위력을 발휘해 엄청난 일러스트를 그려주셨다!' 같은 글이 떠돌곤 합니다. 그런데 일러스트 표지를 의뢰할 때 정말로 소위 말하는 '졸라맨 구도'만 그려서 보내는 건 아닙니다. 본인은 그림 실력이 없더라도 원하는 그림의 구도나 방향성을 설명할 방법은 많기 때문에 되도록 요구사항을 상세하게 보내야 작업하는 쪽에서도 편하고 결과물에 대한 만족도도 높아집니다.

첨부할 자료는 찾기 나름이지만, 구글 이미지 검색 혹은 핀터레스트(pinterest)에서 검색하면 참고용 자료를 쉽게 구할 수 있습니다. 한글로 검색하는 것 보다는 영어 검색이 효과적이며, 핀터레스트의 경우 마음에 드는 이미지를 하나 클릭하면 유사한 이미지 혹은 관련 있는 이미지를 보여주기 때문에 효율적으로 자료를 찾을 수 있습니다.

일러스트 의뢰서는 출판사에서 원하는 파일 포맷으로 제작하면 됩니다. 보통 Word나 한글, 엑셀 등으로 요구하는데, 만일 PDF도 가능하다고 하면 노션(Notion)이라는 메모용 앱(PC, 웹, 앱 전부 가능)에 의뢰서를 작성해서 PDF로 내보내기 하는 것을 추천드립니다.

3) 러프 및 컨펌

일러스트레이터에 따라 상이하지만 보통 러프 작업에 들어가면 출판사 측을 통해 수정 요청(컨펌)을 하게 됩니다. 이때 수정 요청은 **'최대한 구체적으로, 본인이 원하는 바를 정확히 말하는 게'** 중요합니다. 받은 러프나 일러스트의 중간 과정이 만족스럽지 못한 경우 실망할 필요도 없고, **수정 요청을 하는 게 일러스트레이터님께 누가 되는 일도 아님을 유념해야 합니다.** 아예 구도를 무리하게 바꿔버리는 정도가 아니라면 금전을 지불하고 의뢰를 맡긴 것이기 때문에 원하는 대로 수정 요청을 할 권리가 있습니다. 만족스러운 결과물을 위해서라면 수정 요청하는 것을 두려워하지 마세요.

피드백은 **원하는 바를 정확히 설명하는 게 생명**입니다. 두루뭉술하게 설명하고 넘기지 마시고, 최대한 원하는 것을 구체적으로, 어떻게 고쳤으면 좋겠는지 서술합시다. 뭔가 그림이 어색해 보이는데 어디가 어색한지 잘 모르겠다면 작품 표지가 유출되지 않는 선에서 주변 지인들에게도 피드백을 요청해 보세요. 생각보다 집단 지성이 도움이 됩니다.

부적절한 피드백 예시

> 인물의 표정이 어색해요. 인물의 자세가 어정쩡해요. 머리색이 칙칙해요.

이 피드백을 읽으면 내 작업물이 마음에 안 드는구나, 정도는 알 수 있습니다. 그렇지만 피드백은 반드시 수정 방향을 제시해야 합니다. 그림에서 어떤 부분이 마음에 안 드는지, 그리고 어떻게 수정하면 좋을지 자세히 언급합시다. 필요하다면 추가로 사진 자료를 제공해도 좋습니다.

적절한 피드백 예시

> 인물의 시선 처리 방향과 경직된 표정이 어색함을 불러일으키는 것 같습니다. 시선 방향을 조금 바꿔주시고, 눈썹 각도와 눈매, 입매를 수정해서 표정을 풀어주셨으면 좋겠습니다. (참고자료 첨부하기)

> 인물의 팔이 너무 길고 자세가 뻣뻣해서 어색해 보입니다. 팔 길이를 수정해 주시고 자연스러움을 살려주세요.

> 머리색이 햇살 아래에서 조금 더 반짝거리는 느낌이면 좋겠습니다. 여주의 머리색을 더 환한 금발(채도를 높이고 밝기도 올려주셨으면 좋겠습니다)로 그려주시고 광원 효과도 더해주시면 좋겠습니다.

너무 전문적인 그림 수정 용어까지는 필요없지만, 수정 요청 방향이 명확할수록 작업 결과물의 만족도가 높아집니다. 내가 진정으로 바라는 일러스트는 어떤 느낌인지부터 확실히 합시다.

설명이 부족했거나, 아니면 전달되지 않은 부분을 일러스트레이터가 채워 넣었는데 그 부분이 마음에 들지 않을 수 있습니다. 그림에 대해 지적하는 것이 아니라, 클라이언트로서 수정을 요청하는 것이기 때문에 너무 무리한 수정(그냥 처음부터 다시 해주세요, 혹은 밝은 분위기에서 어두운 분위기로 갈아 엎어주세요)만 아니라면 원하는 수정 사항을 빠짐없이 말하도록 합시다.

4) 타이포 제작

일러스트가 완성되면 일러스트 분위기에 맞는 타이포 또한 제작되어 여러 시안이 도착하게 됩니다. 일러스트에 비해 타이포는 시안 제작도 빠르고 선택이 어렵지 않은 편입니다. 이때도 일러스트와 마찬가지로 원하는 바를 정확히 피드백 하는 게 중요합니다.

아래 큐알 코드를 통해 일러스트 의뢰서 양식을 첨부합니다. 각자 나만의 일러스트 의뢰서를 써보고 최적의 표지를 의뢰해 봅시다.

·············· **일러스트 의뢰서 링크(노션)** ··············

표지 일러스트 의뢰 신청서			
작품명	작품 이름을 적어주세요.		
작가명	작가 이름을 적어주세요.		
어필 포인트	일러스트에서 특히 강조되었으면 하는 부분을 적습니다. 여주 혹은 남주의 얼굴(잘생기게 해주세요 등), 인물의 자세나 강조되어야 할 소품, 그림 전체의 분위기나 색감 등.		
전체 구도	이미지	이 부분이 바로 그 유명한 '졸라맨 구도'입니다. 졸라맨 구도를 그려도 상관없지만 정확히 어떤 걸 원하는지 하단에 글로 설명하는 게 좋습니다.	
인물	인물 1	인물 외형	참고용 이미지 (여러 장 가능)	주로 얼굴에 관한 묘사가 들어갑니다. 글로 묘사하는 데는 한계가 있으니, 본인이 생각하기에 가장 가까운 얼굴을 가진 모델이나 캐릭터의 사진을 참고용으로 여러 장 첨부하는 것이 좋습니다. 정확히 부합하는 인물이나 캐릭터가 없을 확률이 높습니다. 이럴 때는 사진 1의 머리 스타일, 사진 2의 눈동자 모양, 사진 3의 얼굴형과 표정, 등으로 각 요소별로 참고용 자료를 지정해주면 됩니다.
		인물 의상	참고용 이미지 (여러 장 가능)	참고용 의상 자료를 첨부합니다. 현대라면 복잡성이 덜하지만 로맨스 판타지나 판타지의 경우 필요한 자료가 많을 수 있습니다. 대충 일러스트레이터님이 원하는 대로 그려주셔도 상관없다고 생각하면 적당히 분위기만 참고할 수 있게 의상을 집어넣어도 되지만, 본인이 원하는 디테일이 있는 경우 반드시 참고 자료를 세세히 첨부하는 게 만족스러운 결과물을 얻는 지름길입니다.
		인물 소품	참고용 이미지 (여러 장 가능)	그 밖에도 인물이 들고 있는 물건, 오브젝트를 묘사할 수 있습니다. 역시 참고용 사진을 첨부하는 것이 좋습니다. 없으면 비워두시거나 탭을 삭제해도 됩니다.
	인물 2	인물 외형	참고용 이미지 (여러 장 가능)	상기한 내용과 똑같이 적어주시면 됩니다. 일러스트에 더 많은 인물이 추가될 경우 역시 인물 3, 인물 4와 같은 식으로 추가해주시면 됩니다.
		인물 의상	참고용 이미지 (여러 장 가능)	
		인물 소품	참고용 이미지 (여러 장 가능)	
배경	배경을 설명합니다. 현재 일러스트의 배경 시각이 몇 시인지, 밤인지 낮인지, 그리고 장소가 야외인지 실내인지 적어주시면 됩니다. 원하는 전체 분위기와 색감 등에 대해서도 적어주세요.			

PART IV

전업 작가 이야기

전업 작가 이야기

"

웹소설 쓰기에 관하여 알아 보았습니다. 마침내 데뷔에 성공하고 본격적인 상업 활동을 하게 된 다면, 이제 슬슬 전업 작가가 되는 일에 관한 생각이 고개를 들 것입니다. 책을 써서 적은 돈을 벌 어들이는 것을 넘어 생계 유지가 가능해 진다면, 작가로서 먹고 사는 출발선에 섰다는 의미이기 도 하니까요. 하지만 전업 작가는 너무 막연하고, 어렵게만 느껴집니다. 그래서 이번 장에서는 어 디에서도 밝히지 않았던 전업 작가에 관한 이야기를 해보려 합니다.

01 전업 작가가 되는 방법

누군가 자신의 직업을 전업 작가라고 소개한다면, 십중팔구 이런 생각을 할 것입니다.

'와, 저 사람 진짜 대박 작가인가보다!'

예전부터 작가에 대한 인식은 별로 좋지 않았습니다. 예술하면 돈을 못 번다는 말이 팽배하기도 했고, 요즘도 작가는 빈곤하다는 이미지가 강한 편 입니다. 글을 쓰겠다고 말하면 데뷔하지 못하고 집에서 반 강제로 백수 생 활만 한다는 등, 거의 저주에 가까운 대답이 돌아오기도 합니다. 그러니, 작 가를 직업 삼는다고 말하면 글을 특출나게 잘 쓴다고 생각하는 것도 이상 스럽진 않습니다.

그렇다면 전업 작가는 정말로 대박 작가만 할 수 있는 걸까요?

물론 대박에 대한 기준은 사람마다 다릅니다. 저의 부모님은 월 1억 정도는 벌어야 대박 작가라고 생각하십니다. 제가 작가가 되겠다고 말했을 때, 이 정도 급의 대박 난 작가가 아니면 전업 작가가 되는 건 위험하다고 여기셨습니다. 하지만 결론부터 말하자면, 월 1억씩 벌지 않아도 전업 작가가 될 수 있습니다. 전업 작가의 조건은 히트작이나 대박작이 있느냐가 아니라, 내가 이 생활을 직장에 다니는 것만큼 안정적으로 이 생활을 영위해나갈 수 있느냐이기 때문입니다.

1) 작가가 된 계기

제가 처음 소설을 쓴 건 초등학교 5학년, 열 두살 때였습니다. 그때 쓴 글은 소설이라고 부르기도 민망할 정도로 형편없었습니다. '인물: 대사'로 이루어진 조잡한 대사 모음집 수준이었고, 삐뚤빼뚤한 글씨로 노트에 몇 줄 끄적거린 게 다였습니다. 그러나 노트의 대략 중반쯤부터는 1인칭 시점의 소설로 발전했고, 그 뒤로도 포기하지 않고 10년도 넘게 습작을 썼습니다. 아마 열 두살 당시에 '너는 10년 뒤 작가 데뷔에 성공해서 전업 작가가 될 거다'라는 말을 듣게 된다면 믿지 못했겠죠. 제 이름을 달고 나오는 책이 있었으면 좋겠다고 매번 버킷 리스트에 적긴 했지만, 처음부터 작가가 되고 싶었던 것도 아니었습니다. 게다가 으레 어린이들이 그렇듯 수시로 꿈이 바뀌기도 했고요.

이런 이야기를 하는 요지는, 포기하지 않고 꾸준히 글을 쓰면 언젠가는 전업 작가가 될 수 있다고 말하고 싶어서입니다. 저는 단지 글을 쓰기 시작한 나이가 일렀던 편이라 빠르게 데뷔를 했을 뿐, 누구나 끝까지 글을 쓰면 전업 작가가 될 수 있다고 생각합니다.

저는 그저 하고 싶은 이야기가 많은 사람이었고, 표현 방식이 글이 되었든 만화가 되었든 어떻게든 제가 상상한 것들을 표출하고 싶어 했습니다. 그래서 제가 상상한 스토리를 풀어내고 싶었기 때문에 어릴 적엔 웹툰 작가가 되고 싶었습니다. 하지만 부모님의 반대와 더불어 돈을 많이 벌지 못한다는 주변의 말을 듣고 창작과는 전혀 상관없는 대학으로 진학하는 등, 평범한 삶을 살았습니다.

그러다가 교환학생으로 1년간 외국에 나가 있게 되었습니다. 한국보다 물가가 비싼 나라로 교환을 나가게 되었는데, 학생 비자로는 아르바이트를 하는 게 불법인 상황이었습니다. 저는 어떻게든 생활비에 보태고자 조아라 노블레스 란에서 유료 연재를 시작했습니다. 조아라 노블레스는 연재하는 데 자격 조건도 필요하지 않고, 다음 달에 정산이 되면 바로 출금 신청을 할 수 있다는 점 때문이었습니다. 당시 저는 단 돈 만 원이라도 아쉬운 상황이었고, 통장에 돈이 가장 빨리 들어오는 길을 찾다보니 그렇게 첫 시작을 하게 되었습니다.

돈 없는 대학생이었던 저는 단지 돈을 한 푼이라도 더 벌고 싶었습니다!

그 시절 수익을 창출하는 글쓰기에 대해 많이 연구를 했던 것 같습니다. 다행히 저는 수위 높은 글쓰기에 자신이 있는 상태였고, 조아라 노블레스에서 연재하던 작품을 첫 작으로 데뷔하는데 성공했습니다. 해외에서 첫 출간 계약을 하게 된 셈이었죠.

저의 첫 웹소설은 교환학생 중반에 출간되었는데, 첫 달 정산 수익을 받아보고 놀라지 않을 수가 없었습니다. 약 400만원에 달하는 정산 수익은 그 시절 제가 살면서 받아 본 급여 중 가장 큰 돈이었기 때문입니다. 이후로도 글을 계속 쓰지 않아도 꾸준히 돈이 들어왔습니다. 심지어 그때 쓴 제 첫 작품은 출간한지 몇 년 지난 지금까지도 매달 100만 원 가량의 인세가 들어오곤 합니다. 당당히 연금 작품 반열에 들어준, 고마운 작품입니다.

2) 전업 작가가 되기까지

첫 작품이 나쁘지 않은 성적을 거두었다고 해서 바로 전업 작가가 된 건 아니었습니다. 처음 출간했을 때만 해도 저는 그저 제 이름으로 책이 나와, 누구든 돈을 내고 사서 볼 수 있다는 사실에 흥분해 있었을 뿐, 평범하게 취직해서 소소하게 글 쓰면서 살면 좋겠다고 생각하고 말았거든요.

그렇게 대학을 다니면서 반 년에 한 권씩 출간했습니다. 첫 작이 잘 되었다고 해서 두 번째 작이 잘 된 건 아니었습니다. 말아먹은 수준까진 아니어도, 전작에 비하면 보잘 것 없는 성적이었죠. 소위 말하는 **퐁당퐁당**이었습니다. 작품별, 장르별로 성적 차이가 꽤 컸는데, 당시에는 웹소설을 쓰는 장르 문법에 대한 개념조차 거의 없는 상태로 계속 밀고 나갔습니다. 현대 로맨스와 BL의 문법이 꽤 다름에도 불구하고 쓰고 싶은 글을 썼습니다. 그때는 글만 써서 먹고 살고 싶다는 생각을 안 했기 때문에 팔리는 글을 쓰기 보다는 쓰고 싶은 걸 쓰면서 행복한 게 우선이었습니다. 잘 안 팔린다고 낙담하기 보다는 '이거 다 쓰고 다음엔 뭐 쓰지'로 바빴던 나날을 보냈습니다. 물론, 고민이 아예 없던 건 아니었습니다. 시장에서 배척받는 소재를 쓰면서 '왜 사람들은 이걸 재미없어하지?' 같은 고민을 하기도 하고, 글을 쓰다 보니 점점 생각해둔 결말과 멀어져서 등장인물들과 수시로 타협을 보고 설득하느라 애먹은 적도 부지기수였습니다. 당시에는 몰랐지만 이것이 전업 작가가 되기 위한 첫 번째 조건 중 하나라고 생각합니다. **성적에 연연하지 않고 계속 쓸 수 있는 멘탈과 아이디어.** 악플이 달리든, 매출이 나쁘든, 꿋꿋하게 다음 작품을 써내려가는 것이야 말로 전업 작가의 가장 중요한 자질이 아닐까 합니다.

여기까지 읽은 독자분들은 이제 슬슬 '그래서 전업은 언제쯤 하나요?'라는 생각이 들 지도 모릅니다. 단도직입적으로 말하자면, 전업은 작가가 된 지 2년 3개월 차에 결심했습니다. 갓 대학교를 졸업하고 사회 경험이라고는 하나도 없는, 20대 중반에 전업 작가가 되기로 마음먹은 것입니다.

제가 전업 작가가 되겠다고 말했을 때, 당연히 이 결정을 지지하는 사람의 비율은 극히 낮았습니다. 부모님을 포함해서 많은 사람들이 우려를 표했습니다. 심지어 대기업 신입의 초봉보다 더 높은 연봉을 벌 수 있다고 숫자로 말해도, 사람들은 생각보다 부정적으로 반응했죠. 혹시라도 전업 작가가 되고 싶어서 이 책을 읽고 있는 사람이라면, 소위 말하는 '글먹'을 하고 싶은 사람이라면 마음을 단단히 먹어야 합니다. 빈약하고 불안정한 수입보다도 주변 사람들의 냉담한 반응이 우리를 괴롭게 하거든요. 수입은 늘려나가면 되지만, 사람들의 반응만큼은 어떻게 할 수가 없습니다. 그러니, 이 길을 가기로 마음먹었다면 사람들의 말을 적당히 걸러 들어야 한다고 단호히 말하고 싶습니다. 우리는 짧은 시간 동안 좋아하는 것들을 다 하기에도 바쁘고 벅차니까요.

전업 작가라고 직업을 밝히면 받는 질문 중에는 다음과 같은 것들이 있습니다. 대표적인 질문 몇 가지에 답을 해보고자 합니다.

·· Q&A ··

> ### 수입이 얼마나 되면 전업을 결심할 수 있나요?

조건만 간략히 읊자면, 제 경우 이름만 대면 **차기작은 투고나 심사 과정 없이 출판사와 계약**할 수 있으며 **선인세는 1,000 단위**부터 시작, 그리고 전작들에서 한 달에 250만원 이상의 수익이 고정적으로 들어올 때 전업을 결심했습니다. 초대박 작가는 아니고 중견 작가 정도 되는 성적이라고 할 수 있겠네요. 한 달에 억대를 벌지는 않지만 학업과 병행하면서 연봉이 4천이 넘었을 때 기준으로 계산했습니다. 단, 저는 프리랜서이기 때문에 국민연금과 의료보험은 모두 저 혼자 부담하며, 그 대신 세금 3.3%만 제하면 인세는 모두 제 통장에 꽂힙니다. 세전이 아닌, 순수익 기준으로 연봉을 산정했기 때문에 실수령이 4천이라는 뜻입니다.

취업난 속에 취직이 안 돼서 **홧김에 전업 작가가 되기로 결정한 것은 절대 아닙니다.** 제가 학업과 병행하면서 글을 쓰는 속도, 앞으로 더 쓰고 싶은 이야기가 얼마나 남았는지, 그리고 현재 출간된 책들의 수입 추이와 글 실력의 향상 여부를 전부 고려했습니다. 실제로 수익은 조금씩 계단식 상승을 했기 때문에 발전 가능성을 보고 최종적으로 결정한 셈입니다.

모든 직업이 힘들긴 마찬가지겠지만, 전업의 길 역시 만만치 않게 험난하기 때문에 부디 신중히 정하셨으면 좋겠습니다. 그렇지만, 불안 속에서도 가능성이 보인다면 도전하는 것도 중요하다고 생각합니다. 모든 선택은 이 글을 읽는 당신에게 달렸습니다.

전업을 하는 게 두렵지는 않았나요?

실제로 불안정한 수익과 짧은 생명 등이 전업의 문제점으로 손꼽힙니다. 더는 소재가 생각나지 않으면, 그리고 글이 예전 같지 않으면 자동으로 은퇴하는 거나 다름없으며, 신작을 내지 않으면 수입도 계속 줄어듭니다. 불안정함은 당연히 공포스럽습니다. 저 또한 '지금은 이렇게 벌지만 언젠간…'이라는 생각을 종종 하는 편입니다. 그런데 대기업에 다니면 그런 공포가 없을까요? 혹은 공무원을 한다면 마음 편히 발을 뻗고 자고 고민이 없는 삶일까요?

단적인 예로 공무원을 들었는데, 제 친척 중에 공무원인 분이 있습니다. 그분은 빠른 퇴근, 주말 휴식, 일정한 수당, 철밥통 등 우리가 아는 모든 공무원의 장점을 가지고 있지만 급여는 비교적 빠듯합니다. 겸업 금지 조항 때문에 부업도 여의치 않은 데다 직장 분위기가 경직된 편입니다.

이렇듯 어느 직업이나 장단점이 있다고 생각합니다. 전업 작가의 장점을 대라면 끝도 없이 댈 수 있습니다. 반대로 단점을 대도 끝도 없이 댈 수 있고요. 현대 사회를 살아가는 사람 대부분 미래를 두려워합니다. 저는 보장된 미래가 없기 때문에 오히려 이 직업에 뛰어들 수 있었습니다. 어차피 무엇을 하든 두렵고 불안할 거라면, 한 번뿐인 인생 제가 좋아하는 걸 하고 싶었거든요.

인생의 건강하고 찬란한 시기에 사회를 더 경험하고 나중에 돈을 모아서 전업 작가를 해도 되지 않겠냐는 질문도 자주 들어옵니다. 전업으로 커리어를 쌓다가 노후에 일이 끊기면 경력도 없으면서 취업하기 매우 힘들다는 말과 함께요. 이 말에 저는 항상 같은 대답을 합니다. 전성기? 사람은 누구나 노화합니다. 인생의 황금기는 작가에게도 해당하는 말입니다. 젊을수록 아이디어도 빨리 생각나고, 더 건강하고, 모험심이 강합니다. 글은 오래 쓸수록 실력이 좋아지고 세월이 녹아들면서 안정적으로 변해가지만, 20대에만 쓸 수 있는 그 나이대의 감성이 담긴 글이 있다고 믿습니다. 저는 그래서 주저하지 않고 전업 작가가 되길 선택했습니다.

낭만 타령이라고, 젊은 게 무슨 메리트가 있냐고 따져 물을 수도 있지만, 젊고 트렌디하다는 것은 웹소설 시장에서 굉장히 강점입니다. 현재 웹소설 주 독자들과 같은 세대이기 때문에 그들이 원하는 비를 잘 알고, 새로운 시스템, 문화, 소재등을 가감 없이 차용하고 글을 꾸려나갈 수 있다는 뜻입니다. 가끔가다 보면 리뷰 창에 '작가님의 연배가 느껴진다'라는 정중한 리뷰부터, '너무 올드하다'는 직설적인 악평이 달리기도 합니다. 이 시장에서 젊은 세대들의 입맛을 맞출 수 있다는 건 자랑할 만한 일입니다. 웹소설은 유행이 굉장히 빨리 변하는 시장이기도 하고요. 그렇기 때문에 시장에 뛰어들 거라면 망설임이 없어야 한다고 생각합니다.

전업을 하면 사회적 인맥 관리는 어떻게 하나요?

이건 저희 부모님 세대이신 분들이 자주 하는 질문입니다. 아무래도 작가의 이미지는 골방에 틀어박혀 작품이 나올 때까지 주구장창 모니터나 종이만 들여다보고 있는 쪽에 가까우니까요. 아주 틀린 말은 아닙니다. 실제로 일을 할 때는 거의 앉아 있는 데다 화면만 들여다 보고 있습니다. 그렇지만 여느 회사원들도 거의 비슷할 거라고 생각합니다. 낮에는 바쁘게 일하고, 누군가를 만나려면 저녁 시간이나 주말에 시간을 내야 하고. 작가도 마찬가지입니다. 단지 업무 환경 특성 상 혼자서 일을 하고, 누군가의 지시를 받지 않을 뿐입니다. 글을 쓰는 직업을 선택한다고 해서 사회적으로 고립되는 건 아닙니다.

작가도 엄연히 친구가 있고, 놀러다니고, 할 거 다 합니다! 인맥을 관리하는 건 순전히 개인이 하기 나름인데, 아마 작가의 직업적 특성과 맞물려 내향적인 사람들이 많아 이런 오해가 생긴 게 아닐까 합니다.

새로운 인연을 만나는 게 아예 불가능한 것도 아닙니다. 글을 쓰다보면 우연한 기회에 다른 작가님들을 만나기도 하고, 출판사와 미팅을 하거나 새로 계약하게 되면 어김없이 새로운 담당자님을 만나게 되니까요. 그 자리도 결국 사회생활의 연장이기 때문에 생각보다 히키코모리처럼 방에만 처박혀서 어둠의 자식 같은 생활을 영위하지는 않습니다.

제 개인적인 이야기를 하자면, 저는 전업 작가가 되기 이전에도 집에 있는 걸 좋아했고 나가면 쉽게 피곤함을 느끼는 내향인이었습니다. 소수의 친구만 사귀며 클럽이나 파티, 단체 여행같은 것을 세상에서 제일 좋아하지 않는 사람이기도 합니다. 오히려 사람과 부딪히지 않는다는 점에서 직업 만족도가 높은 편입니다.

정 외로우면 같은 분야 혹은 다른 분야의 작업자와 함께 화면을 공유하거나 통화하면서 작업할 수도 있습니다. 일에 집중할 때는 침묵을 지켰다가, 쉬는 시간이 되면 가끔 잡담을 하는 식으로 친목을 도모하는 편입니다. 우려와는 다르게 인간관계가 협소해지는 문제로 오는 우울감은 거의 없는 편이네요.

이외에도 수많은 질문이 따라붙지만, 이외의 장단점이나 전업 작가의 삶, 구체적인 정보는 뒤에서 계속 다루도록 하겠습니다. 글로 먹고 사는 게 쉬운 건 아니지만 불가능하지도, 생각보다 엄청 각박하지도 않다는 말과 함께요.

/02 전업 작가의 수입

전업 작가의 삶을 논할 때 가장 중요한 것 중 하나는 수입입니다. 아마 이 책을 읽는 사람 중 상당수는 이번 파트에 지대한 관심이 있을 거라고 생각합니다. 많은 분들이 궁금해하는 만큼 가감 없이 수익을 밝힐 예정인데, 수입에 관하여 이야기하기 전에 이 말만큼은 꼭 전하고 싶습니다. **돈 밝힌다는 소리를 두려워하지 마세요. 현대 자본주의 사회를 살아가면서 돈은 필수불가결한 재화입니다.** 실제로 저는 돈이 들어오지 않으면 거의 한 글자도 쓰지 않습니다. 내가 가진 모든 아이디어, 문장은 전부 돈 받고 파세요. 공짜로 글을 쓰지 않아버릇 하면 점점 많은 것들이 기회로 보이고 어떻게든 수익을 창출하게 됩니다.

실은, 작가들 대다수가 수입을 밝히지 않습니다. 수입을 밝혔을 때 들어오는 수많은 질투와 질문이 작품을 집필하는 데 방해가 되기 때문이죠. 그렇지만 저는 제 작품도, 필명도 밝히지 않았으니 비교적 자유롭게 이야기를 하려 합니다. 전업을 결심하기 전까지 정말로 이 일에 뛰어들어도 될까, 따위의 걱정 때문에 유튜브를 포함해 각종 커뮤니티에서 얼마나 많은 시간을 허비했는지 셀 수조차 없습니다. 제 능력에 대한 확신이 있고, 통장에 찍히는 잔고가 보증을 해도, 글을 써서 먹고 살 결심을 하는 건 그만큼 불안한 일 입니다. 정보를 찾아 헤맬 수많은 사람들에게는 누군가의 사례, 누군가가 이야기하는 정보가 얼마나 소중한 것인지 알기 때문에 이 책을 집필하기 시작한 것도 있습니다. 인터넷에서 언제 삭제될지 모르는 근거 없는 익명의 이야기보다는 조금 더 신빙성 있고, 일단 책을 손에 넣으면 영영 사라지지 않을 정보라는 점에서 제 글이 조금이라도 더 가치가 있길 바라면서요.

이런 걸 인터넷에 검색해보면 '무슨 작가는 연간 얼마를 벌었다더라'부터 누군가의 인증글, 근거 없는 카더라 등등 온갖 정보가 난무합니다. 하지만 공통적으로 작가마다 다르기 때문에 평균치를 추산할 수 없다는 이야기가 따라붙습니다.

이 말은 틀린 게 아닌 게, 작가마다 내는 웹소설의 회차 수가 다르고, 전작의 인기나 인지도, 그리고 여태까지 완결 낸 책의 종 수가 다르기 때문에 평균치를 추산하기란 거의 불가능에 가깝습니다. 고로 이번 장에서 하게 될 **저의 수입 이야기는 결국 하나의 사례일 뿐, 그 어떤 것도 대표할 수 없다는 걸 알아주셨으면 합니다.**

그래서 전업 작가는 얼마나 버냐하면!

우선, 현재 이 원고를 집필하고 있는 2021년 기준, 제 통장에 출판사 이름으로 찍힌 돈은 대략 **7천만 원**입니다. 이는 선인세와 그간 출간한 책들로 부터 들어온 인세가 포함된 값입니다. 어느 작품이 어떤 출판사와 얼마의 돈을 받고 계약되었다고 언급하는 것은 밝힐 수 없지만(계약서 상 대외비 조항입니다. 때문에 계약서를 직접 올리거나 누군가에게 보여주는 것은 계약 위반입니다) 대략적으로 추려보자면 다음과 같습니다.

유료 연재 작품 1: 선인세 1,400만 원
유료 연재 작품 2: 선인세 800만 원

이미 작품 2개를 계약만 했는데도 벌써 2,200만 원이 생겼습니다. 선인세이기 때문에 갚아야 할 돈이고, 한 해 제 생활비를 약 1,000만 원 정도로 추산했을 때 두 배쯤 되는 돈입니다. 이제 내년까지 이 돈으로 숨만 쉬고 살면서 글을 쓰면 연명하는 게 가능합니다.

그렇지만 다행스럽게도 지금까지 써둔 작품이 있기 때문에 해당 작품들로부터 벌어들이는 추가 수입이 있습니다. 정확한 1,000원 단위는 생략하도록 하겠습니다.

월	1	2	3	4	5	6	7	8	9	10	11	12
금액	216	1,003	763	412	352	293	265	304	247	301	419	243
합계	4,827											(단위: 만원)

인세로 벌어들인 수입이 4,800만 원 쯤이군요. 3년 치 생활비입니다. 이제 좀 사람답게 살면서 저축도 하고, 건강과 취미에도 투자할 수 있는 돈이 생겼습니다. 작품 수입의 추이를 보면 아시겠지만 2월에 신작 정산이 들어와서 반짝 수입이 늘었다가 점점 떨어지는 것을 볼 수 있습니다. 하지만 아무리 수입이 떨어져도 일정한 선을 유지하고 있고, 그 일정한 수입이 대략 남들이 회사 다니면서 받는 수준과 엇비슷하기 때문에 새로운 작품에 매진할 수 있는 것입니다.

1월 정산금을 보면 오래도록 신작이 나오지 않았을 때의 수입은 대략 200만 원 선이고, 신작이 하나 나와서 수입 마지노선이 250까지 올라온 것을 확인할 수 있습니다. 즉, 작품이 쌓일수록 수입의 평균도 늘어날 거라고 기대할 수 있고, 가능한 열심히 다작을 하는 게 유리하다는 것 또한 추론할 수 있겠죠.

다만, 매출과 프로모션은 직결되기 때문에 받을 수 있다면 좋은 프로모션을 받는 게 좋습니다. 중간에 8월 정산금이 갑자기 300만 원 대로 점프한 건 순전히 프로모션 덕입니다. 그러니 너무 당연한 이야기겠지만 프로모션을 자주 제안하는 출판사와 계약을 하는 것이 좋습니다. 이외에도 외전을 내거나 누군가 SNS에 책의 후기를 작성해서 책이 유행하면 10월과 11월처럼 수익이 늘어나기도 합니다.

올해는 아직까지 집필 중이라 신작 런칭이 없는 상태입니다. 그렇지만 이제 올해 말에 선인세를 받았던 작품을 런칭하면 또 그에 따른 수입이 발생할 테고, 저는 잠시 휴식기를 가지다가 새로운 작품에 돌입하겠죠. 그런 식으로 작가의 사이클이 돌아가게 됩니다. 분명 선인세 1,000만 원은 일상을 영위하기에는 적은 돈입니다. 하지만 기존 작품의 인세가 받쳐주기만 한다면 얼마든지 전업 생활을 할 수 있다고 말씀드리고 싶습니다.

그럼 저는 처음부터 잘 벌었던 걸까요? 단언컨대 그건 아닙니다.

2019년 저의 정산 수익은 총합 2,468만 원입니다.
2020년 저의 정산 수익은 총합 3,861만 원입니다.
2021년 저의 정산 수익은 총합 7,027만 원입니다.

억대 연봉도 아닐 뿐더러, 학교 생활과 병행하던 데뷔 첫 해 수익은 2,400여만 원이었습니다. 그렇지만 월마다, 작품마다 수입이 증가하는 추이를 보고 과감하게 전업을 결정하였고, 현재 첫 해 정산의 두 배도 넘게 벌게 되었습니다. 첫 작품은 지금 실력에 비하면 미흡한 단편이었습니다. 그렇지만 전혀 의미가 없던 건 아니었습니다. 단편만으로 2,400만 원의 성적을 낼 수 있음을 확인한 저는 스스로가 글에 재능이 있을 거라고 확신했습니다. 본격적으로 글쓰기에 뛰어들면 더 많은 수입을 벌 수 있을거라고 예상하고 전업을 결심한 것입니다. 물론 미래를 한 치 앞도 모르는 상태에서 무모했다고 말할 수도 있겠지만, 그만큼 저는 제 글에 어느 정도 확신이 있었습니다.

월별 정산금에 일희일비하기 보다는, 평균을 맞추고 밑바닥을 점점 다져가는 게 전업 작가가 할 일이라고 생각합니다. 자신의 몸값을 높이는 것. 일명 네임드가 되어가는 것이요. 끝없는 도전 과제가 주어진 셈이죠. 누가 언제 어떤 대박 작품을 터뜨릴지는 당연히 모르지만, 적어도 복권보다는 당첨될 확률이 높다고 생각합니다. 지금 반짝 벌었다고 좋아할 게 아니라, 프리랜서로 사는 불안정함을 알고 있는 만큼 현재 수입을 잘 관리하고 미래에 더 많은 수입을 벌어들이기 위해 치밀히 계획을 짜라고 말씀드리고 싶습니다.

한 작품을 쓰면 얼마나 버나요?

아쉽게도 이건 위의 월별 수입 추이보다도 더 천차만별입니다. 작품의 분량과 소재, 출간된 플랫폼, 프로모션, 심지어 출간 시기에 따라서도 달라지기 때문입니다. 모 인터넷 서점은 별점의 숫자를 보고 수입을 예측하기도 한다는데, 그런 건 아주 두루뭉술한 예측일 뿐, 실제 수입과 어떻게 연결되는지는 정말 알 수 없습니다.

그래도 한 자 적자면, 1권 10만 자, 약 3,000원 가량의 책을 R모 사에서 별점 1,500개 이상 찍었을 때 대략 1,000만 원 이상의 수익이 발생합니다. 1,500명의 독자가 모두 별점을 주고 리뷰를 썼다고 가정하면 450만 원인데, 통상적으로 작가 몫이 49%이니 후하게 쳐서 225만 원이라고 계산할 수 있겠군요. 대충 별점을 찍은 사람보다 산 사람이 3~4배 정도 더 많다고 해석할 수 있겠습니다.

실제로 R사에서 첫 달 별점 1,000개를 넘긴 단권 작품의 정산서를 보면 첫 달 총 판매 권수가 11,847권으로 찍혀 있습니다. 판매액은 약 3,000만 원, 정산액은 1,500만 원이었습니다.

그렇다면 산술적으로 계산했을 때 약 4권 분량의 장편이 별점이 1,000개라면 4천만 원 정도의 수익이 발생한다고 할 수 있을까요? 실제로는 그렇지 않습니다. 4권짜리가 받는 프로모션과 노출도에 따라서도 다를 테고, 1권씩 사보다가 중간에 재미가 덜해져 이후 남은 분량은 책을 사지 않는 경우도 발생하기 때문입니다. 실제 결제율은 1권이 가장 높고, 종에 따라 차이가 있지만 후반부로 갈수록 조금씩 결제율이 떨어집니다. 연독률이 조금씩 감소하다가 어느 선을 유지하는 것과 비슷하다고 보면 되겠네요.

게다가 별점이나 리뷰는 이벤트에 따라 잘 붙기도 하고, 단권일수록 플랫폼에서 뿌리는 각종 쿠폰이나 무료 캐시를 이용해서 지르기 쉽기 때문에 권수가 압박적으로 많은 작품과 차이가 있을 수밖에 없습니다. 또한 플랫폼의 시스템이나 MG 정책, 프로모션 정책에 따라서도 달라집니다. 그렇기 때문에 이 부분은 대략적인 수치로만 알아두면 좋습니다. 상황에 따라 언제 유동적으로 변할지 모르는 수치에 가깝습니다.

또한 리뷰는 거의 달지 않지만(주로 수위 높은 작품들은 리뷰가 생략되는 경우가 잦습니다. 실시간 랭크도 새벽에만 야금야금 올라가고요) 판매액이 높은 작품이 있는가 반면, 리뷰는 많이 달리지만 이벤트나 프로모션 때문이라 판매액이 적은 작품도 있을 수도 있습니다. 그러니 **작품의 실 판매액은 정산서를 받은 작가와 정산서를 보내준 출판사만 알고 있다**가 정답입니다. 플랫폼만 보고 표면적으로 얼마나 벌었을지 추산하는 건 의미 없는 행동입니다.

✏️ 03 전업 작가의 생활

어쩐지 작가는 출근 시간도 정해져 있지 않고 편하게 일을 할 수 있을 것 같습니다. 내가 글을 쓰는 것을 마치면 퇴근이요, 오늘 한 자도 쓰지 않으면 그냥 휴가가 되는 셈입니다. 프리랜서임이 여실히 와닿는 부분이죠. 그러다 보니 비교적 업무를 강제하는 힘이 약해 나태해지기 쉽다는 말이 많이 돕니다. 실제로, 나태해지려면 한도 끝도 없이 나태해져 백수나 다름없이 생활할 수 있는 직종입니다. 글은 쓰지 않고 종일 오락이나 인터넷을 할 수도 있고, 그저 시간을 빼서 놀러 다닐 수도 있죠.

하지만 자유에 대한 책임은 큽니다. 바꿔서 말하면, 출근부터 업무는 물론, 계약과 작품 관리, 세금 관리, 향후 미래 계획까지 오롯이 나 혼자서 감당해야 한다는 뜻이거든요. 작가는 단지 글만 주르륵 써서 출간하는 게 아니라 1인 사업체에 더 가깝습니다. **때문에 작가는 스스로 생활 관리를 잘 하지 않으면 안 됩니다.** 느즈막하게 일어나서 여유롭게 커피를 마시고 독서하다가 내킬 때 따악 한 편! 글 쓰고 해가 지기 전에 퇴근해서 저녁을 누리는 삶? 단언컨대 인기가 절정에 이른 작가일지라도 한창 집필 중이라면 거의 불가능한 일입니다. 왜냐하면 연재 혹은 집필 일정이 작가가 그렇게 놀게끔 놓아두지 않거든요.

저의 일과표는 대략 다음과 같습니다.

10:30	기상
10:30 ~ 11:00	출판사 업무 메일 확인
11:00 ~ 12:30	식사 및 휴식
12:30 ~ 14:00	전날 썼던 원고 최종 퇴고후 발송 출판사가 준 교열 파일 확인 및 교정 검수 >출판사 퇴근 전까지 발송
14:00 ~ 17:30	(교열이 없으면) 오늘의 원고 작성 1
17:30 ~ 19:00	식사 및 휴식
19:00 ~ 20:00	운동
20:00 ~ 21:00	씻기 및 휴식
21:00 ~ 23:30	오늘의 원고 작성 2
23:30 ~ 2:00	휴식: 주로 독서, 게임, 영화 보기
2:00 ~	취침

비교적 규칙적인 생활을 영위하고 있습니다. 때에 따라서는 당장 보내야 할 원고가 없는 경우 작업을 미루고 은행에 다녀오거나 도서관에 가는 등, 개인 시간을 위해 사용하기도 합니다. 하루는 오전, 오후, 야간으로 삼등분 해서 각 시간대 별로 업무를 할당하는 편입니다. 일이 빨리 끝나면 쉬기도 하지만, 보통은 일정이 밀려 바쁜 때에 하지 못했던 다른 업무를 처리하거나 건강관리를 위해 시간을 씁니다.

예기치 못한 상황은 언제든 발생할 수 있기 때문에 매일 성실히 일을 해서 미래에 공백으로 사용할 시간을 벌어놓는 다는 느낌으로 일정을 관리하고 있습니다. 주말에는 쉴 때도 있지만 보통 연휴나 휴가철, 혹은 집안의 경조사 등이 한 달에 한 번 걸러 발생하기 때문에, 혹은 몸이 아픈 날을 대비해 여유가 되면 미리 작업해 놓는 편입니다. 특히, 실시간으로 유료 연재를 하면 쉬지 못하고 원고를 준비해야 하기 때문에 피로도 실시간으로 함께 누적됩니다. 어떤 부분은 굉장히 쉽고 빠르게 쓰여 빨리 업무를 마치고 쉴 때도 있지만, 어떤 부분은 막혀서 며칠이고 고민해야 될 때도 있습니다. 단행본으로 출간을 준비한다면 상대적으로 압박감이 덜 한 데 비해, 유료 연재 중의 그 압박감은 이루 말할 수 없습니다.

하루 종일 방에 틀어박혀 여유롭게 컴퓨터만 보고 있는 것 같지만 실은 계속해서 일을 하는 중입니다. 절대 여유롭고 만만한 직업이 아니므로, 꿈의 전업 작가 생활은 생각보다 요원하다는 것을 알아두셨으면 합니다. 제아무리 억대 연봉을 버는 작가일지라도 연재의 굴레에 빠진 이상 규칙적으로 원고를 생산해내야 하는 업무에서 벗어날 수 없습니다.

전업 작가의 생활 패턴에 관한 이야기는 이쯤하고, 이제 작가의 생활과 관련해 자주 들어오는 질문과 그에 대한 저의 답변을 정리해 보도록 하겠습니다.

작업 공간과 생활 공간을 분리하는 게 좋을까요?

능률을 고려하면 가급적 작업 공간과 생활 공간을 분리하는 게 좋지만, 개인의 성향과 사정에 따라 다릅니다. 앞서 언급하지 않았는데, 우선 저는 작업 공간과 생활 공간이 분리되지 않은 전업 작가입니다. 바로 몸을 던지기만 하면 누울 수 있는 침대가 옆에 있습니다. 침대만 보면 눕고 싶은 건 아니지만 자주 누워 있어요. 그래도 저는 통제력이 좋은 편이기 때문에 하루 종일 누워서 유튜브를 보는 등 시간을 허비하는 일은 거의 발생하지 않습니다. 오히려 글에 너무 집중하다가 원고를 마치고 키보드에서 손을 떼면 현기증이 일어날 때가 있는데, 그럴 때 바로 침대에 누워서 휴식을 취할 수 있다는 장점이 있습니다. 즉, 생활 공간과 작업 공간이 분리되지 않았다고 해서 일을 아주 못할 정도는 아닙니다.

그렇지만 생활 공간과 작업 공간이 분리되는 게 효율이 높다는 데는 동의합니다. 저도 가능만 하다면 두 공간을 분리하고 싶습니다. 가장 이상적인 건 집 안에 작업 공간이 따로 있는 거겠죠. 두 공간을 분리하는 작가님들 중에는 오피스를 임대하거나 카페에 나가는 경우를 많이 봤습니다. 이 부분은 개인 성향과 지갑 사정에 따라 결정하면 된다고 생각합니다. 제 경우에는 카페는 자리가 불편해서 오래 앉아 있으면 허리가 아프고, 시끄럽고, 매번 비용이 발생하기 때문에 선호하지 않습니다. 오피스는 지방에 살고 있기 때문에 별로 활성화 되어 있지 않아 구하지 않았고요. 그리고 작업은 PC로 진행하는 관계로 집에서 작업하는 것을 선택했습니다. 하지만 본인의 성향이 적당히 생활 소음이 있는 곳에서 작업이 잘 된다, 혹은 쉴 만한 공간이 눈앞에 있으면 집중이 안 된다, 싶으면 작업 공간을 따로 마련하는 것을 추천하는 편입니다.

혹은, 동거하는 가족이 있는 경우 계속 노는 것처럼 보일 수 있기 때문에, 이 부분에서 마찰이 있으면 밖으로 나가는 게 해결책이 될 수도 있습니다.

저는 손이 느려서 글 쓰는 데 너무 오래 걸려요. 하루에 2회 차 씩 쓰는 건 불가능해요. 제가 과연 전업 작가가 될 수 있을까요?

저는 1,000자 쓰는 데 10분이 걸립니다. 즉, 한 회차 쓰는데 산술적으로만 계산하면 한 시간 정도 걸립니다. 물론 이후 퇴고 과정을 거치면 한 회차를 완벽히 넘기는데 들어가는 시간은 훨씬 더 걸리겠죠. 저도 사람이다 보니 집중력이 떨어지거나 글이 막히면 시간이 더 걸리기도 하고요. 그래도 저는 손이 빠른 축에 속합니다. 이보다 더 빨리 쓰시는 분도 있겠지만 더 걸리는 사람이 훨씬 많다고 알고 있습니다.

그럼 손이 느리면 전업 작가가 될 수 없을까요? 그건 절대 그렇지 않습니다. 대신 하루에 1편씩은 무조건 쓰는 연습을 하는 게 좋습니다. 그게 4시간이 되었든, 8시간이 되었든요. 이건 작가라면 일주일 내내 5천자씩, 3만 5천자를 써야 한다는 소리가 아닙니다. 마음만 먹으면 내가 얼마든지 하루에 한 편을 쓰고 남는 시간에 교정 교열도 보고 일상 생활도 영위할 만큼의 글 쓰는 속도가 뒷받침 될 만큼 연습이 필요하단 말입니다. 한 편 쓰는데 8시간 이상 걸린다면 솔직히 전업 작가가 되는 건 별로 추천하지 않습니다. 8시간 이상 노동을 하면 몸이 너무 쉽게 지칩니다. 8시간 안에 1편 쓰기가 힘들다는 건 아직 전업을 할 만큼의 실력이 아니라고 생각합니다.

다시 본론으로 돌아와서, 하루에 1편을 겨우 써내는 게 효율도 떨어지고 작품 완성 속도도 느릴 수 있습니다. 벌이가 성에 차지 않을 수도 있죠. 그렇지만 중요한 것은 꾸준히 하면서 글 쓰는 속도와 완성도를 점차 높여나가는 것이고, 그보다도 중요한 것은 건강 문제입니다. 애써 열심히 돈을 벌어도 건강이 한 번 망가지면 전업의 경우 수입도 끊기고 돈은 돈 대로 나가고 회복하는 기간도 오래 걸립니다. 부디 **본인의 정신과 육체 건강을 먼저 고려하시고, 그에 맞는 일정과 업무 분량을 정해 일을 하셨으면 좋겠습니다. 억지로 하루에 1만 자씩 쓰기는 할 필요가 없다고 생각합니다.**

> **저는 야행성이라 아침에 일어나는 게 어려워요. 글 쓰는 것도 밤에 능률이 더 좋습니다. 그렇지만 규칙적인 생활이 좋다던데, 아침에 일어나는 걸로 생활 습관을 바꿔야 할까요?**

그럼 밤에 글을 쓰셔도 됩니다. 굳이 억지로 오전 7시부터 기상해서 글을 붙잡고 있을 필요는 없다고 생각합니다. 하지만 밤에 늦게 자기 시작하면 건강이 서서히 망가지기 시작합니다. 저야말로 대학 다니는 시절 내내 밤 새고 새벽 5시 이전에 취침한 적이 없을 정도로 극도의 야행성 입니다. 아침 해 밝는 걸 보면서 자는 건 예삿일이고 심하면 오전 10시에 자서 오후 6시에 일어나곤 했죠. 그러다 보니 건강이 많이 망가졌습니다. 아직 젊은데도 소화 기능이 나빠져 병원 신세를 지고 있고, 덕분에 적지 않은 돈을 써버렸죠. 우리는 돈 많이 벌고 행복하기 위해서 전업 작가가 되고 싶은 거잖아요. 그런데 돈도 잃고 행복도 잃는다면, 나의 생활 패턴을 조금이라도 개선하려는 노력은 해볼 수 있지 않을까요?

저는 적어도 3시 이전에는 자려고 노력하는 편입니다. 밤을 새지 말고 조금씩 일찍 자는 연습이라도 해보셨으면 하는 바람입니다.

작가가 되면 비교적 자유롭게 시간을 내거나 휴가 갈 수 있지 않나요?

그렇기도 하고 아니기도 합니다. 하루 정도야 그렇게 하면 다음 날과 그 다음날에 걸쳐 미룬 일을 해낼 수 있다지만, 일주일 이상 자리를 비우는 건 쉽지 않습니다. 보통 전업이면 미공개 원고를 신곡 발표하듯 턱, 내버리기 보다는 무료 연재를 하면서 화제를 모으고 있거나, 유료 연재를 하거나, 그도 아니면 이미 계약해서 원고 인도일이 잡힌 상태에서 집필을 하고 있을 확률이 큽니다. 마감일까지의 일정은 내가 결정하지만 그렇다고 해서 마감 자체가 없어지는 건 아니니까요. 중간에 탄력적으로 일정을 조정할 순 있겠지만, 그 일정을 맞추기 위해서는 직장에 출근하는 것처럼 매일매일 일을 해야 하는 편입니다. 그래서 갑작스럽게 누군가가 방문하거나, 아니면 일이 생겨 자리를 비워야 하는 게 어려울 수도 있습니다. 마감이 당장 내일인데 원고가 없으면 아무것도 하지 못하고 꼼짝없이 컴퓨터 앞을 지키고 있어야 합니다. 심지어 바쁜 날은 정말 숨만 쉬면서 아무것도 못 하고 원고랑 씨름할 때도 있습니다.

휴식은 주로 남들처럼 주말에 하루, 일요일에 쉬거나 가끔 원고가 안 풀릴 때, 주중에 쉬는 시간을 갖고 싶으면 수요일이나 목요일에 쉬는 편입니다. 원고 집필 중에는 일정이 바쁘게 돌아가지만, 계약한 원고를 다 넘기고 새로 일을 받지 않으면 자체적으로 휴식 기간을 마음대로 정할 수 있긴 합니다. 일주일 쉬고 다음 원고를 시작할 수도, 혹은 1년을 쉴 수도 있죠. 경력 단절이 없다는 것은 분명 큰 장점입니다. 내키면 언제든 원고를 쓰면 됩니다. 즉, 시작은 마음대로 할 수 있지만 끝내는 건 마음대로 안 되기 때문에 시간으로부터 아주 자유롭지는 않다고 말할 수 있겠네요.

반려동물을 키우거나 집안일을 하기에는 어떤가요?

작가가 양육 혹은 집안일에 유리하다는 것은 부정할 수 없는 진실입니다. 특별한 일이 없거나 작업실에 나가지 않는 경우라면 집에 계속 있는 편이고, 유동적으로 시간을 조절할 수 있기 때문에 잡일을 하기도 용이합니다. 그렇지만 전업 작가도 엄연히 직업이고 일을 하지 않으면 돈이 들어오지 않습니다. 일에 집중하는 시간이 줄어들면 당연히 수입이 줄 어든다고 봐야겠죠? 작가는 단지 근무 시간을 재량껏 조정하는 게 어느 정도 가능할 뿐, 똑같이 일합니다. 그렇게 때문에 가사 노동을 세심하게 신경쓰거나 더 많은 시간을 투자 하는 건 별개의 이야기입니다. 오히려 퇴근이 없기 때문에 어떤 날은 일반적인 직장인들 보다 더 바쁠 수도 있습니다. 가끔 너무 바쁘면 정말 집안일이고 뭐고 원고만 붙들어야 하는데, 그래서 저는 동물은 키우지 않습니다.

생활 관리에 자신이 없어요. 누가 채찍질하지 않으면 힘들어요.

사실 이런 성향이신 분들은 전업 작가를 추천하지 않습니다. 생활 관리가 작가 생활의 가장 밑바탕인 건 말할 것도 없고, 더 나아가 결국 작품을 만드는 것도, 글을 전개하는 것 도 전부 관리의 연장선이기 때문입니다. 자기 자신을 관리하는 것 자체가 힘들면 결국 글 도 휘청거릴 수 밖에 없습니다. 요컨대, 학창시절 자기주도적 학습에 능하셨던 분들이 전업이 잘 맞을 거라고 생각합니다. 모든 걸 혼자 해결해나가는 게 익숙하신 분들이요.

그래도 조금이나마 보탬이 되고자 팁을 드리자면, 어플이든 다이어리든 생활을 관리해 주는 보조적인 수단의 도움을 받는 것을 권해드립니다. 빡빡한 계획을 세우는 게 성격에 맞지 않는다면 간단히 To do list 정도만 작성할 수 있겠죠. 같은 시간에 기상해서 밥을 먹 고 취침하러 가는 것부터 시작하세요. 태어나서부터 잘하는 사람은 없습니다. 습관은 만 들어 가는 겁니다.

04 전업 작가의 장단점

그래서 전업 작가가 되면 좋은가요? 나쁜가요?

전업 작가는 장점과 단점이 굉장히 뚜렷한 직종이라고 생각합니다. 앞서 말했듯 장점과 단점을 늘어놓자면 끝도 없습니다. 역시 전업 작가인 만큼 누군가 전업 작가가 되는 것을 부정적으로 생각하지 않지만, 선택에는 신중하라고 말하고 싶습니다. 당연히 전업 작가도 적성이 중요한 직군이므로, 적성에 안 맞는 데 억지로 작가가 되면 쉽게 지치고 불행을 느낄 수 밖에 없습니다. 만일 전업 작가가 되는 일에 관심이 있다면, 이후 소개할 전업 작가의 장점과 단점을 읽고 자신의 적성을 생각해보도록 합시다.

1) 전업 작가의 장점

업무 일정은 모두 내 마음대로!

일어나는 시간? 오후 4시여도 상관 없습니다. 제때 원고만 써서 낼 수 있다면 언제 일어나서 언제 밥을 먹고 언제 글을 쓸 지는 순전히 작가의 재량입니다. 아예 글을 쓰지 않고 직무 태만 상태가 되면 곤란하겠지만, 적어도 하루 일과를 짜는 것 만큼은 온전히 작가의 재량에 달려 있다는 뜻입니다. 이전의 생활 부분에서도 말했듯, 이는 강력한 단점으로 작용할 수도 있습니다. 그렇지만 몸이 아프거나 늦잠을 자는 타입인 경우 아침에 일찍 일어나지 않아도 된다는 것은 분명한 장점이라고 생각해서 장점 파트에 넣었습니다. 지금 이 글을 적는 저 또한 야행성이라 주로 오후부터 밤까지 글을 씁니다. 남들 출근하는 시간에 일어나지 않아도 된다는 것 자체만으로도 최고라고 생각합니다.

또한, 글을 쓰다 화장실에서 1시간을 보내도, 중간에 집안일을 하거나 다른 일을 보러 나가도 뭐라고 지적하는 사람은 없습니다. 특히 일찍 문을 닫는 공공기관에 방문해야 할 일이 생기거나 대기가 긴 병원에 들를 일이 생기면 이런 유동성은 빛을 발합니다. 쉬는 날의 일 수 제한도 없고, 피곤하면 일찍 작업을 마치고 누우면 그만입니다. 원고에 차질이 생기지 않는 선에서 작가의 하루는 굉장한 자율성을 갖습니다.

억지로 사회생활 하지 않아도 그만

보기 싫은 상사나 짜증 나는 동료는 존재하지 않습니다. 담당자님과 맞지 않을 수 있겠지만 바꿔 달라고 요청할 수 있습니다. 즉, 작가는 사람과 부딪히면서 일어나는 트러블이 극히 낮은 직군입니다. 이미지를 관리하기 위해 마음에도 없는 소리를 할 필요도 없고, 업무와 관계없는 잡담으로 시간을 허비하거나 피곤하고 재미없는 회식이 강요되지도 않습니다. 감정적 트러블 뿐만 아니라 옷매무새나 머리, 화장 같은 외적인 요소에도 신경을 쓸 필요가 없습니다. 입고 싶은 옷을 입고 일을 해도 되고, 방금 막 침대에서 일어난 상태에서 컴퓨터를 켜도 뭐라고 할 사람이 없습니다. 이런 업무 환경은 사람을 대면하는 것에서 쉽게 피로를 느끼는 사람에게 큰 장점으로 작용합니다.

비용적 우위

집에서 작업하는 경우 출근할 필요가 없기 때문에 출퇴근으로 인한 시간, 경비 소모가 없습니다. 또한 앞서 언급했듯 사회생활을 위해 옷을 차려입거나 화장을 하는 빈도 수도 줄어들기 때문에 개인차가 있겠지만 의류비와 미용비도 줄어듭니다. 업무를 수행하기 위해 필요한 건 컴퓨터를 작동시키는 전기 요금, 그리고 일반적으로 식비와 주거에 들어가는 비용 정도. 가진 자본이 없어도 바로 시작할 수 있기 때문에 초기 비용이 아주 낮은 축에 들기도 합니다. 4대 보험 혜택도 없고 프리랜서가 내야하는 세금도 많지만(사실 이 부분은 세무사에 맡기면 재량껏 절세할 수 있긴 합니다) 출퇴근을 하는 직군이나 다른 사업자에 비해 아낄 수 있는 부분이 많기 때문에 총 정산을 해보면 아주 큰 손해는 아닙니다.

누적식 수익

작품 활동을 계속 하는 한, 아주 근소한 액수라도 완결 낸 작품으로부터 계속 돈이 들어옵니다. 그렇기 때문에 작품 활동을 오래 할수록 안정적으로 생활할 수 있는 확률이 높아지며, 안정적으로 정착한 전업 작가쯤 되면 몇 달간 신작을 구상하지 않고 쉬어도 인세가 월급처럼 찍히곤 합니다. 덕분에 몇 달 쉬면서 가족과 친구들을 위해 시간을 쓰거나, 내 몸 관리를 위해 시간을 쓸 수도 있습니다. 재충전 기간 동안 이런저런 활동을 하다보면 신작에 대한 아이디어가 떠오르기도 하고요.

누구나 될 수 있다!

약간 과장 보태서 작가는 정말 아무나 할 수 있습니다. 누구나 글을 써내기만 하면 작가입니다. 작가가 되는데는 학력도 필요 없고, 경력도 중요치 않으며, 성별, 나이, 종교 등 모든 요소에서 자유롭습니다. 작가가 되기 위해 면접을 봐야 하거나 '나'라는 사람의 뒷배경이나 외형, 능력을 낱낱이 평가받는 일은 없습니다. 그저 완결 잘 내고 재밌게 쓰면 됩니다. 누구나 작가가 되는 일에 도전할 수 있고 거기서 재능을 확인하고 잘 되면 전업으로 삼을 수 있다는 점은 아주 매력적인 부분입니다.

즐겁다!

본질적으로 작가는 하고 싶은 이야기가 있는 존재입니다. 내 이야기를 펼치고, 내가 상상해오던 세계를 그려내는 창작의 즐거움을 느끼는데 돈까지 벌 수 있으면 정말 신나죠. 적성에 잘 맞고 글 쓰는 게 즐거운데 작품이 흥하기까지 하면 더할 나위 없이 즐겁습니다. 창작의 고통이 없는 건 아니지만 그 고통을 잊을 만큼 몰두할 수 있는 게 바로 작가라고 생각합니다. 가끔 음악을 틀어놓고 작업을 할 때 음악 소리가 들리지 않거나, 언제 그만큼의 글을 썼는지도 모르게 수천 자의 글을 써낼 정도로 몰입하면 뿌듯하고 즐겁습니다. 자신의 일을 즐기면서 할 여지가 있다는 것을 제가 생각하는 마지막 장점으로 꼽고 싶습니다.

2) 전업 작가의 단점

지나친 자율성

자유에 대한 책임은 오직 내가 져야 합니다. 안 그런 일이 어디 있겠냐만, 잘 되어도 내 탓, 안 돼도 내 탓인 게 이 바닥입니다. 스스로 집필 과정의 처음부터 끝까지를 책임져야만 작품을 완결 낼 수 있습니다. 중간에 그만두면 그 작품은 영원히 끝입니다. 누가 대신 써줄 수 없죠. 뿐만 아니라 시간 관리부터 완결 일정까지 모두 작가가 정해야 합니다. 나 자신의 역량과 일정 소화 능력에 대해 누구보다도 잘 알아야 한다는 의미입니다. 심지어 내 역량을 잘 알더라도 갑자기 아프거나 일이 생기면 일정이 어그러질 수 있습니다. 이런 부분까지 커버해내는 게 작가의 몫입니다. 독자들은 긴 휴재를 피곤하게 여깁니다. 그러다 보면 어느덧 항상 일정을 조율하고 계획하는 자기 자신을 발견할 수 있습니다. 모든 일에 책임을 져야 하는 만큼 계산할 것도 많고, 자율성이 결국 자유를 제한하는 기이한 사태를 경험하게 될 것입니다.

노력과 성과가 비례하지 않음

열심히 몇 달, 몇 년에 걸쳐서 연재를 해도 작품 성적이 지지부진할 수 있습니다. 거의 모든 작가가 경험하게 되는 일이지만, 무반응, 악플, 점점 떨어지는 매출을 견디며 완결까지 작품을 끌고 가는 건 고된 일입니다. 의욕이 꺾이다 보면 중간에 작품이 무너지기도 하고, 그러면 작품 평가는 더더욱 나락으로 떨어지면서 악순환이 반복됩니다. 내가 열심히 한다고 해도 반응이 좋지 않으면 한 푼도 벌 수 없습니다. 이럴 때는 다달이 나오는 월급이 부러워집니다. 심지어 이런 작품은 완결을 내도 수익이 미미한 수준에 그치기 때문에, 아픈 손가락으로 남겨두고 빨리 차기작을 준비하는 게 심신에 이롭지만…. 인정하기가 쉽지 않죠. 마음도 아프고요.

들쭉날쭉한 수입

런칭 직후가 수익이 가장 잘 나오고 그 뒤로 수익은 서서히 하락합니다. 문제는 다음 달 수익이 얼마나 떨어질지는 아무도 모른다는 것이죠. 전업 쯤 되면 바닥을 다져 월별 최소 수익을 어느 정도 추산할 수 있지만, 그래도 불확실한 수입은 불편을 야기합니다. 장기적인 미래 계획을 세우는 게 아주 어렵기도 하고, 갑자기 작품 외적으로 문제가 발생해(작가의 평판 문제, 혹은 텍본 유출 등) 수입이 반 토막 나도 그것을 예측할 방법이 전혀 없기 때문입니다.

끝도 없는 불안

전업 작가는 아무도 가보지 않은 사막을 혼자 횡단하는 거나 다름없습니다. 그 작가가 미래에 어떻게 될지 아무도 모르는 데다, 심지어 그 길을 가본 사람도 많지 않아 제대로 일러 줄 이조차 없거든요. 게다가 이 전업이라는 사막을 횡단하는 사람은 제각기 다른 길을 가기 때문에 내 길은 내가 찾아야 합니다. 그러다 보니 언제나 마음에 꺼지지 않는 불안이 도사리고 있습니다. 작품을 연재하면서도 '지금 잘 하고 있는 걸까'부터 시작해서 '내가 언제까지 작가를 할 수 있을까', '문제가 생기는 건 아닐까' 걱정하게 됩니다. 불안의 원인은 한도 끝도 없습니다. 작품에 대한 걱정, 미래에 대한 걱정, 악플 걱정, 텍본 걱정, SNS 걱정, 현실 걱정, 기타 등등…. 사람이 항상 승승장구 할 수 없기 때문에 잘 될 땐 잘 돼서 불안하고, 반대로 안 되면 안 된다고 불안합니다. 문제는 작가는 전적으로 정신 활동을 통해 글을 써 내려가는 직업이기 때문에 정신이 병들면 바로 글에서도 문제가 드러나기 시작합니다. 이런 불안이 부질없는 걱정이라고 생각하면서도 언제나 불안과 등을 맞대고 살아가야 합니다. 그래서 작가는 정신 건강에 적신호가 들 확률이 제법 높은 직업이라고 생각합니다.

마감 지옥

원고를 시작하는 순간 길든 짧든 집필 기간이 존재하고, 원고 인도일이 존재합니다. 마감이 생긴다는 뜻이죠. 손이 빠르고 부지런해서 매일 막힘 없이 원고를 써낼 수 있다면 좋겠지만, 가끔 슬럼프도 와주고 막히는 구간도 발생하고, 몸도 피곤하고, 집에는 또 왜 이렇게 신경 쓸 일이 많은지…. 결국 마감 기한은 닥쳐오는데 원고는 준비되지 않아 날밤 새거나 숨만 쉬면서 원고를 해야 하는 상황이 발생할 수도 있습니다. 자유를 찾아 전업 작가가 되겠다는 분들께는 죄송하지만, 생각보다 그렇게 자유롭지 않고 오히려 자발적으로 자기 자신을 감금한 채 마감 지옥에 몸을 던지는 것을 경험하실 수 있을 겁니다.

마감 지옥에서 해방되려면 계약만 하고 원고 인도일을 정하지 않은 채 내키는 대로 원고를 쓰는 방법이 있는데, 이건 현 웹소설 연재 구조상 꽤 어려운 일입니다. 수익을 내려면 매일매일 유료 연재를 하는 게 가장 좋기 때문입니다. 미공개 완결 후 유료 연재로 런칭하는 방법도 있지만 이러려면 출판사가 준 선인세로만 버티면서 완결을 내야 합니다. 선택은 자유입니다. 그렇지만 대부분의 작가들이 마감 지옥에 빠졌다가 헤어나오길 반복하는 데는 다 이유가 있겠죠? 그 방법이 그나마 쉽고, 보편적이고, 돈이 되기 때문입니다.

정신적 피로감

글을 쓰는 것은 정신 활동이기 때문에 글을 쓰고 나면 피로해집니다. 기본적으로 일을 하면서 크든 작든 정신적 피로감을 느낄 수밖에 없는 환경입니다. 근데 여기에 더불어, 작가라는 직업을 만만하게 보거나 잘 몰라서 무례하게 구는 사람들이 꼭 있기 마련입니다. 가까운 사람 중에는 가족, 먼 사람 중에는 우연히 처음 들른 가게에서 직업을 이야기했을 때 다짜고짜 선 넘는 발언을 하는 사람 등이 있겠죠. 이런 사람들을 하루 이틀도 아니고 작가 생활 내내 상대하면 조금 이골이 나기 시작합니다. 거기에 더불어 실시간으로 독자들의 반응을 확인하는 건 또 다른 정신적 피로감을 안겨줍니다.

작품을 낸다는 건 어쩌면 아주 활발하게 간접적인 방식으로 사람들과 대면하는 건지도 모릅니다. 얼굴만 마주하지 않을 뿐 실시간으로 나의 창작물, 혹은 내가 평가를 받습니다. 악플이 쌓이면 정신적으로 피곤함을 넘어 지치기도 합니다. 자존감이 떨어지죠. 그리고 이 모든 걸 감내해야 하는 사람이 나 혼자라는 것을 느낄 때, 극심하게 외로워지기도 합니다.

　작가는 제법 고독한 직업입니다. 일하면서 사람을 만나지 않는데 사람들로부터 상처를 받는 게 가능합니다. 이걸 달래줄 동료도 없고 이겨 나가면서 계속 작품을 써야 해요. 양날의 검입니다. 작품을 내보여 관심을 끌고 싶은 욕구를 충족하고 인기를 누릴 수도 있겠지만, 그 인기가 한순간에 비수가 되어 나에게 꽂힐 수도 있습니다.

05 전업 작가 적성 테스트

　아마 이 파트를 읽고 있는 분들 중 상당수는 전업 작가에 대해 막연히 궁금하기보단, 자신이 전업을 할 수 있을지 없을지 가능성을 알고 싶은 분들일 거라고 생각합니다. 그런데 전업 작가에 대한 정보는 많이 없기도 하거니와, 대다수의 전업 작가들이 구체적인 수익을 공개하는 것을 꺼립니다. 미래에 대한 가능성을 가늠해 볼 만한 정보가 극히 적은 상황이죠.

　그래서 실질적으로 전업을 선택해야 할지 말아야 할지 고민할 땐, 기간이 길든 짧든 막막하고 답답합니다. 미친 듯이 인터넷을 뒤져가며 온갖 커뮤니티 글을 참고하기도 하고, 심지어는 불안한 미래를 점치며 괴로워하는 시간을 보내곤 합니다. 저도 전업을 선택할지 말지 고민할 때는 그랬습니다. 게다가 인터넷 게시판에 고민글을 쓰기라도 하면 거의 9할은 전업을 말립니다. 괜히 잘못되었다가 책임질 수도 없으니 대다수의 조언은 아주 보수적입니다. 인터넷에서 전업 작가에 관해 긍정하는 사람은 찾기 어렵죠.

　그럼 전업을 하지 말아야 할까요? 전업은 기성 작가 중에서도 선택받은 자만 될 수 있는 걸까요?

절대 그렇지 않다고 말하고 싶습니다. 전업을 선택하기까지 고민도 많았고, 실제로 전업 생활을 하면서 전업의 여러 가지 장단점을 알게 되었지만 그래도 저는 제 선택에 만족합니다. 선택은 신중해야 하지만, 적절한 때에 최적의 선택을 내리는 것 또한 중요하다고 생각합니다. 저는 가능성을 부정하지 않습니다. 이 글을 읽고 있는 독자분들 중 전업 작가가 되고 나서 재능을 꽃 피울 수 있는 사람이 분명 있으리라고 믿습니다.

그래서 전업을 하기로 마음먹기 이전에 간단하게나마 점검하는 데 도움이 될 만한 내용을 싣고자 합니다. 본론으로 들어가기 전에 강조하고 싶은 점은, 100명의 작가에겐 100가지의 작품과 100가지의 삶이 있다는 것입니다. 이 책에 실린 각종 지표와 자료는 오직 제 경험에서 나온 것이기 때문에 결정을 내릴 때 참고하되, 맞지 않는 부분이 있다면 과감히 무시하셨으면 합니다.

전업 작가 적성 TEST

나는 전업 작가와 적성이 맞을까?

전업 작가가 별 거 있나요? 다른 일을 하지 않고 글만 써서 생계를 유지하면 전업 작가라고 할 수 있죠. 내 한 달 생활비가 20만 원이고, 한 달에 짧은 글이라도 팔아 20만 원을 벌어서 생계를 유지하면 그것도 전업 작가라고 할 수 있습니다. 그렇지만 우리가 바라는 전업 작가는 그보다 더 많은 돈을 벌고, 인기 있는 소설을 쓰는 작가일 것입니다. 전업 작가도 엄연히 직업 적성이 존재하기 때문에, 한 번쯤 나와 맞는 직업인지 점검해보는 시간을 갖는 것도 중요합니다. 다음 문항들을 읽고 답하면서 전업 작가가 과연 나의 적성에 맞는지 체크해보도록 합시다.

❶ 업무 환경

- ☐ 1 —— 나는 계획 세우는 것을 좋아한다.
- ☐ 2 —— 나는 누가 독촉하지 않아도 내 할 일을 잘 한다.
- ☐ 3 —— 나는 혼자 일하는 것을 좋아한다.
- ☐ 4* —— 나는 매일 쳇바퀴처럼 반복되는 일과도 기꺼이 할 수 있다.
- ☐ 5* —— 나는 인내력이 강한 편이다.
- ☐ 6* —— 나는 집중력이 좋은 편이다.
- ☐ 7 —— 나는 시간 관리를 잘 하는 편이다.
- ☐ 8 —— 나는 스트레스 관리를 잘 하는 편이다.
- ☐ 9* —— 나는 긴 시간 앉아서 일하는 것을 견딜 수 있다.

❷ 작가로서의 자질

- ☐ 1 —— 나는 글쓰기를 좋아한다.
- ☐ 2* —— 나는 반드시 쓰고 싶은 이야기가 있다.
- ☐ 3 —— 나는 평소 무언가 관찰하는 것을 좋아한다.
- ☐ 4 —— 나는 인간의 섬세한 심리를 잘 이해하고 표현할 수 있다.
- ☐ 5 —— 나는 논리적인 편이다.
- ☐ 6 —— 나는 호기심이 많다.
- ☐ 7* —— 나는 다른 사람이 쓴 글을 읽는 것을 좋아한다.
- ☐ 8* —— 나는 영화나 게임, 만화, 드라마 등 소설 이외의 미디어 컨텐츠에도 관심이 많다.
- ☐ 9 —— 나는 최신 유행에 민감하다.

위의 체크 리스트에서 각 파트별로 절반 4개 이상, 총합 8개 이상의 yes가 나와야 기본적으로 작가 생활을 영위할 수 있다고 봅니다. 특히, 별표가 붙은 항목에 해당 사항이 많을수록 작가라는 직업에 적성이 잘 맞는다고 생각합니다. 만일 두 영역을 통틀어 해당 사항이 총합 5개 밑이면 작가라는 직업과 성향이 맞는지 다시 한번 고민해보시길 바랍니다.

체크리스트 해설

업무 환경

1. 나는 계획 세우는 것을 좋아한다.

소설을 처음부터 끝까지 쓰는 건 하나의 거대한 프로젝트라고 볼 수 있습니다. 어떻게 이야기를 시작해서 어떤 이야기로 끝마칠지 정하는 건 오롯이 작가의 몫입니다. 긴 프로젝트를 아무런 계획 없이 완수할 수 있을까요? 글이 중구난방이 되지 않도록 하려면 최소한의 아웃라인을 잡을 줄 알아야 하고, 에피소드와 흐름에 관한 계획을 세울 줄 아는 것이 중요합니다. 작품 외적으로도 집필 일정 계획을 세우고 준수하려면 계획을 세우고 지키는 능력이 필요합니다.

2. 나는 누가 독촉하지 않아도 내 할 일을 잘 한다.

담당자님이 일정을 독촉해주실 수 있죠. 그렇지만 담당자님이 관여할 수 있는 건 원고가 제때에 인도되는지 확인하는 것뿐입니다. 내 일상과 작품을 이끌어나가는 페이스는 내가 조절해야 합니다. 독촉하지 않아도 내 할 일을 잘 하는 것에는 원고를 제 시각에 마감하는 것도 있지만, 스스로 몸을 관리하고 생계를 꾸려나가는 것도 해당됩니다. 잘 쓰는 것도 중요하지만 오래 쓰는 것도 중요합니다. 건강을 잃으면 아무것도 할 수 없습니다. 누가 잔소리하지 않으면 운동도 하지 않고 끼니도 제때 챙겨 먹지 않는다면…. 일과가 강제되지 않는 작가 생활이 힘들 수 있습니다.

3. 나는 혼자 일하는 것을 좋아한다.

작가는 고독한 직업입니다. 일하는 동안 아무도 만나지 않고 혼자서 일합니다. 혼자 있기 좋아하는 성향에겐 축복이지만, 사람을 만나지 않으면 우울감부터 느끼는 사람에게는 꽤 가혹한 업무 환경이 될 수 있습니다.

4*. 나는 매일 쳇바퀴처럼 반복되는 일과도 기꺼이 할 수 있다.

작가의 삶은 직장인과 크게 다르지 않습니다. 매일매일 정해진 분량의 원고를 써야 합니다. 무슨 내용을 쓸지 원고 내용만 바뀔 뿐, 밥 먹는 것도, 원고를 쓰는 분량도, 잠자는 시각도 거의 동일합니다. 이런 일상이 1년 내내 반복될 수도 있습니다. 드라마틱한 일은 벌어지지 않습니다. 심하면 원고 깎는 기계가 되는 듯한 느낌을 느낄 수도 있습니다. 무언가 회사 생활과 다를 거라고 생각하며 일탈적 경험, 자유, 멋 등을 원하는 사람에게는 아주 삭막한 업무 환경이 기다리고 있을 것입니다. 이 쳇바퀴처럼 돌아가는 일과를 앞으로 10년 넘게 해야 한다고 생각했을 때 숨이 막힌다면 전업 작가가 되는 걸 다시 생각해보시길 바랍니다. 반복적인 일상을 지루해하지 않고 견뎌내는 것이야 말로 중요한 소양입니다.

5*. 나는 인내력이 강한 편이다.

책 한 권이 출간되기까지 얼마의 시간이 걸릴까요? 원고를 쓰는 게 능사가 아닙니다. 원고를 완결 내는 것이 시작입니다. 긴 원고 집필 시간 이외에도 퇴고의 과정, 그리고 플랫폼 런칭까지 각종 심사와 프로모션 협의 기간 등등…. 특히 장르 특성상 몇 백 회 차 분량을 요구한다면 글을 완결내는 데만 해도 시간이 한참 걸릴 수 있습니다. 한 작품을 짧게는 한 달에서 두 달, 길게는 몇 년을 집필할 수도 있다는 뜻입니다. 뿐만 아니라 유료 연재를 할 경우 각종 악플이 달리거나 독자들의 반응이 없더라도 견디면서 완결까지 작품을 끌고 나가야합니다. 작품을 쓰는 것이야 말로 굉장한 인내력을 요구하는 일이기 때문에 인내심은 양보할 수 없는 작가의 자질 중 하나입니다. 본인이 뭐든 빨리 해치우고 싶어하는, 성격이 급한 사람이라면 작가가 되는 것을 다시 고려해봄직 합니다.

6*. 나는 집중력이 좋은 편이다.

작품을 쓸 때는 집중해서 몰입하는 게 좋습니다. 집중력이 약해 잠깐 글

쓰다가 인터넷 창을 켜고 유튜브를 뒤적거리거나, 주의가 다른 데로 새어버리면 큰일이겠죠. 적어도 앉은 자리에서 1,000~2,000자는 딴짓하지 않고 쓸 수 있는 집중력이 필요합니다. 업무 환경을 누가 감시하는 게 아니기 때문에 딴짓을 감시해줄 사람도 없습니다. 집중력이 약한 사람은 매일 집중해서 작품을 집필해야 하는 일 자체가 스트레스가 될 수 있습니다.

7. 나는 시간 관리를 잘 하는 편이다.

　마감을 어기지 않는 것은 기본 소양입니다. 출판사는 물론, 독자들도 잦은 지각을 싫어하다 못해 댓글과 별점을 동원해 쓴소리를 합니다. 자신의 컨디션에 따른 집필 시간을 제대로 알고 시간 관리를 하는 것은 중요한 업무 자질입니다.

8. 나는 스트레스 관리를 잘 하는 편이다.

　작품만 들여다보고 있으면 자연히 스트레스를 받게 됩니다. 촉박하게 다가오는 마감일, 각종 악플, 좁은 생활 반경, 반복되는 일상… 사실 업무 환경에서 스트레스 원인을 찾자면 끝도 없습니다. 원인도 모를 스트레스를 채쌓아두고 집필에 몰두하다 보면 결국 병이 나기 마련입니다. 몸이 병들면 치료 비용부터 몸조리까지 모든 과정이 부가적인 스트레스가 될 수밖에 없고요. 때문에 적절히 스트레스를 해소할 방법을 알고, 제때 쉴 수 있게 관리를 잘 해주어야 합니다. 만일 본인이 신경이 예민해서 남들보다 쉽게 스트레스를 받는다면, 작품을 집필하는 동안 정신 건강 관리에도 힘을 써야할 것입니다.

9*. 나는 긴 시간 앉아서 일하는 것을 견딜 수 있다.

　작품은 머리와 엉덩이로 만들어낸다 해도 과언이 아닙니다. 집중 항목과도 이어지는데, 잠시도 가만히 앉아 있지 못하고 돌아다녀야 직성이 풀린다면 매일 차분히 앉아서 작품을 쓰는 게 힘들겠죠? 작품이 풀리지 않을 때나 마감이 임박해 발등에 불이 떨어졌을 땐 하루 13시간도 앉아 있을 각오를 해야합니다. 이러다 보면 자연히 허리와 고관절, 어깨, 목 등 안 아픈 곳이 없게 됩니다. 그래서 평소 운동과 관리를 통해 몸이 장시간 앉아서 작업하는 것을 버틸 수 있도록 신경을 써 주어야 합니다.

작가로서의 자질

1*. 나는 글쓰기를 좋아한다.

너무 당연한 기본 자질입니다. 글쓰기를 좋아하지 않는데 작가가 된다면 그 길은 가시밭길일 뿐입니다. 이 책을 읽고 있는 독자라면 작가가 되는 일에 관심이 있고 글쓰기에 어느 정도 흥미가 있어, '이런 항목은 왜 있는 걸까?'라고 생각할 수도 있습니다. 그렇지만 생각보다 돈만 보고 작가가 되는 일에 뛰어드는 사람들도 많고, 글 쓰는 걸 별로 좋아하지 않지만 돈을 벌기 위해서라면 감수할 수 있다고 생각하는 사람도 더러 있습니다. 하지만 글쓰기를 좋아해도 하나의 작품을 완결까지 끌어가는 것은 쉽지 않은 일입니다. 그러니 좋아하는 마음마저도 없다면 아주 힘들겠죠. **이 항목에 체크하지 않았다면 냉정하게 작가가 되는 건 포기하라고 말씀드리고 싶습니다.**

2*. 나는 반드시 쓰고 싶은 이야기가 있다.

이 또한 1번 못지않게 중요한 자질입니다. 작가는 하고 싶은 이야기가 있어야 합니다. 작가에게 중요한 단 하나의 재능을 꼽으라면 망설이지 않고 '쓰고 싶은 이야기가 있다'를 꼽을 것입니다. 필력과 문장 구성 능력, 캐릭터 조형 능력, 그리고 전개하는 능력 등은 여러 종의 소설을 완결하면서 차근차근 길러나갈 수 있습니다. 그렇지만 하고 싶은 이야기가 없으면 소설을 끌어나가기도 힘들뿐더러, 차기작을 준비할 때마다 줄줄이 고난을 맛보게 될 것입니다. 아주 냉혹하게 말하자면, 하고 싶은 이야기가 끝나면 작가로서의 생명도 거의 끝나는 거라고 생각합니다. 기성 작가도 하고 싶은 이야기가 없으면 더 나아가지 못하는 판에, 시작부터 하고 싶은 이야기가 없다면 작가가 된다는 건 성립할 수 없겠죠. 이 항목에 체크하지 않았다면 정말 작가가 되고 싶은 건지, 아니면 다른 요인 때문에 이 길을 생각해본 건지 돌이켜보시길 바랍니다.

3. 나는 평소 무언가 관찰하는 것을 좋아한다.

작가는 관찰력이 좋아야 합니다. 평소 주변에서 일어나는 모든 일을 잘 관찰한 다음, 소설에서 그 경험을 녹여내면 작품은 훨씬 생동감 있고 흥미진진해집니다. 오직 직접 경험했기 때문에, 현실을 잘 관찰했기 때문에 쓸 수 있는 글이 있습니다. 평범하게 스쳐 지나가는 일상생활에서도 다양한 인간군상을 관찰할 수 있고, 작품의 배경으로 활용하거나 캐릭터 빌딩에 활용할 수 있습니다. 혹은, 다른 사람의 작품을 감상하면서 작품이 그리는 세계를 면밀하게 관찰하면서 정보를 얻을 수도 있고요.

4. 나는 인간의 섬세한 심리를 잘 이해하고 표현할 수 있다.

작품에 등장하는 인물은 매력적이어야 합니다. 소설의 스토리도 중요하지만, 등장인물의 매력도는 흥행을 결정하는 척도가 될 만큼 중요합니다. 영화로 치면 등장인물은 배우입니다. 주제나 스토리와 무관하게 배우를 좋아해서 영화를 관람하는 사람들이 있듯, 웹소설 또한 캐릭터의 매력에 빠져 이후 스토리와 관계없이 끝까지 책을 놓지 못하는 독자들이 꽤 됩니다. 그리고 그 매력적인 캐릭터의 주축을 담당하는 것은 읽는 이의 공감을 불러일으킬 만한 심리표현입니다. 여기서 주목해야 할 단어는 '공감'과 '심리표현'입니다. 캐릭터의 심리 묘사가 섬세한 것도 중요하지만, 그것이 독자의 공감을 불러 일으켜야 합니다. 그렇게 공감을 불러일으키는 캐릭터를 창조하려면 작가를 포함해 독자들의 심리와 감정을 제대로 이해하고 있어야겠죠? 인간에 대한 이해는 작가의 기본 소양 중 하나입니다.

5. 나는 논리적인 편이다.

저는 이 부분이 소설 쓰기에 있어 중요하다고 생각하지만, 어쩌면 요즘 트렌드에서는 중요도가 약간 떨어질 수 있습니다. 소설은 하나의 이야기가 시작하여 결말까지 달려가는 구조이기 때문에, 기승전결이 서로 맞물려 예정된 결말에 논리적으로 도달할 수 있어야 합니다. 논리성이 결여된 소설의 경우, 잘 쓰면 막장 평가, 못 쓰면 졸작 평가를 받죠. 막장이 결코 나쁜 건 아닙니다. 개연성이나 인물의 동기가 전혀 이해되지 않더라도 어쨌든 결말이 궁금해서 끝까지 보게 만드는 힘이 있으니까요. 웹소설에 있어 독자를 끝까지 잡아두고 결제를 하게 만든다는 것은 대단한 일입니다. 상업성이 뛰어나다고 평가할 수 있어요. 그렇지만 논리성이 떨어지면 독자들의 악평은 각오하셔야 합니다. 잘 쓰인 논리결여 막장 소설은 욕하면서도 보는 작품이 되지만, 그렇지 못한 소설들은 독자들이 이탈하고 수입이 꺾이며 흐지부지한, 용두사미를 넘어선 용두사망 엔딩으로 가기 십상입니다.

6. 나는 호기심이 많다.

작가는 호기심이 많아야 합니다. 작품을 쓸 때는 언제나 '왜?'를 생각하지 않으면 안 됩니다. 작중에서 벌어지는 사건에 대해 누구보다 관심이 많아야 하고, 세밀한 부분도 곧잘 연상할 수 있어야 하죠. 작품이 굴러가는 동안 그 안에서 일어나는 일들은 '그냥'이 되어서는 안 됩니다. 이 모든 것을 만들어가는 과정은 작가가 그간 보고 들은 것에서 나오기 마련이죠. 그러려면 분야와 장르가 어떻게 되었든 견문이 넓어야합니다. 결국 식견이 넓다는 건 평소 호기심이 많아 새로운 것을 궁금해하고 알려고 하는 의지가 만들어내는 결과이고요. 만사에 호기심이 덜하고 흥미를 잘 느끼지 못한다면, 그만큼 내가 작품 속에 그려내는 세상은 좁아질 수 밖에 없습니다.

7*. 나는 다른 사람이 쓴 글을 읽는 것을 좋아한다.

장르의 문법을 이해하기 이전에, 기본적으로 책을 많이 읽어야 문장이 어면 구조를 갖고 어떻게 문단을 형성하는지 알게 됩니다. 하다 못해 문어체라도 인물의 대사 구성을 맛깔나게 쓰려면 다른 사람의 소설책을 읽은 바가 있어야겠죠. 게다가 자료를 조사하거나 새로운 지식을 습득하는데 있어 가장 좋은 자료는 책입니다. 요즘은 인터넷이나 유튜브로 자료를 조사한다고 하는데, 아직까지는 책이 담고 있는 지식을 따라잡기 힘들다고 생각합니다. **너무 당연한 이야기이지만 글을 잘 쓰려면 다른 사람이 쓴 글을 많이 읽어야 합니다!** 남의 글을 읽지 않고는 글을 잘 쓰기 힘듭니다. 설령 운이 좋아 한 작품 정도 성공했다 하더라도, 5년, 10년 계속해서 글을 쓰려면, 전업 작가로 일할 만큼 글을 쓰려면 책을 읽어야 합니다. 이 부분은 절대로 양보할 수 없는 중요한 자질입니다.

8*. 나는 영화나 게임, 만화, 드라마 등 소설 이외의 미디어 콘텐츠에도 관심이 많다.

책을 많이 읽는 것도 중요하지만, 이외의 다른 미디어 콘텐츠를 보는 것도 중요합니다. 특히 영화나 드라마 등에서는 장면 묘사와 전환, 카메라 앵글이 보여주는 시선 처리, 인물의 대사 등을 쉽게 파악하고 익힐 수 있습니다. 다양한 장르의 게임은 간접체험을 가능하게 한다는 점에서 굉장한 의의가 있고, 어떤 때는 자료조사용 매체로 작용하기도 합니다. 이를테면 FPS 게임을 통해 1인칭 시점으로 총을 잡고 적을 경계하는 인물의 시야와 심리를 간접 체험할 수도 있고, 유명 유적지나 궁에 들어가서 미션을 수행하는 게임의 경우 서양 배경의 성이나 궁이 어떻게 디자인 되었는지 3D로 탐방할 수도 있습니다. 만화의 경우, 특히 장기 연재된 경우 각종 표현 방식과 더불어 장편의 스토리를 어떻게 풀어나가는지 소설보다 쉽게 읽어 들일 수 있다는 장점이 있기도 하고요.

표현하는 방법만 다를 뿐, 인물을 가지고 이야기를 풀어나간다는 점에서 미디어 콘텐츠들은 동일합니다. 다른 소설의 영향을 받을까 봐 두려우신가요? 그렇다면 인기 있는 영상 콘텐츠를 보도록 합시다. 새로운 영감을 얻고 트렌드를 읽으려면 문화 활동은 필수입니다.

9. 나는 최신 유행에 민감하다.

이 부분은 흥행에 중요한 영향을 끼치기도 하지만, 아주 필수적인 요소는 아니라고 생각해서 별표를 붙이지 않았습니다. 최신 유행하는 웹소설 트렌드를 잘 읽고 인기 있는 소재를 뽑아낼 줄 아는 것은 아주 엄청난 재능입니다. 그렇지만 유행을 선두 하는 게 아니라 쫓아가는 순간 아류작이 될 위험성을 안고 가는 것이기 때문에 조심해야 합니다. 당장 유행할 때는 독자들의 인기를 반짝 얻을 수 있을지는 몰라도, 인기란 빠르게 변하는 법입니다. 웹소설의 트렌드가 되는 소재나 주제는 회귀, 빙의, 환생처럼 메이저로 자리 잡기도 하지만, 특정 소재는 인기를 타다가 가볍게 휘발되기도 합니다. 인기 시즌이 지난 소재의 작품은 완결 나고 수명이 짧아져 결국 아무도 찾지 않게 됩니다. 수익이 현저히 떨어진다는 의미이죠. 유행을 민감히 읽고 인기 요소를 잘 뽑아내되, 흥하는 소재가 인기 끝물인지 아닌지 판단하는 것이 중요합니다.

06 전업 작가가 되려면 고려해야 할 것들

작가로서의 자질도 있고 업무 환경과도 적성이 맞다고 해서 당장 작가가 될 수 있는 건 아닙니다. 전업 작가가 되려면 책을 써서 생계 유지가 가능해야 합니다. 직업을 고를 때 가장 많이 보이는 게 뭘까요? 근무 조건이나 업무 적성도 있지만 역시 연봉 아니겠습니까? 작가 역시 마찬가지입니다. 직업 선택에 있어 삶을 제대로 영위해 나갈 수 있는가에 대한 현실적인 이야기는 결코 빼놓을 수 없습니다.

다소 계산적인 이야기를 해보자면, 22년 최저임금은 9,160원이고, 주휴수당을 포함하면 1만 1,003원입니다. 월급으로 환산하면 약 191만 원, 수당 제외 순수 연봉은 2,297만 원입니다. 전업 작가가 된다는 건 내가 한 시간 글을 썼을 때, 대충 4,000~5,000자 정도의 글을 팔면 못해도 1만 원 이상은 벌어야 하며 연 수입이 2,300만 원은 돼야 한다는 의미입니다. 이보다 못하면 차라리 어디든 최저 시급을 받고 일하러 나가는 게 이득이란 뜻이죠.

꿈만으로는 먹고 살 수 없다는 냉혹한 이야기를 해드리려 합니다. 내가 '전업작가'로서 가능성이 있는지 없는지 결정해주는 건 재밌다고 달리는 코멘트나 나의 만족도 보다도, 통장에 꽂히는 돈의 액수입니다. 욕을 한 바가지로 먹어도 통장에 월 500이상 씩 꽂히면 전업으로 해볼 만한 거고, 반대로 칭찬 일색인데 한 달에 10만 원도 못 벌면 전업은 하지 말아야 한단 뜻입니다.

미래는 아무도 알 수 없고 각자의 상황이 다르기 때문에 '월 n만 원 벌었으면 전업하세요!'라고 딱 잘라 정하는 건 불가능합니다. 그래도 조금이나마 가이드라인을 드리자면, 제가 전업할 때 고려했던 현실적 사항들을 한번 체크해보시길 바랍니다.

1) 첫 작으로 소박 이상 쳤다. 한 달에 400 이상 벌었다

첫 작 성적은 정말 아무것도 아니라고 말할 수 있습니다. 너무 망했으면 필명을 바꾸고 다시 도전해도 되는 거고, 첫 작만 잘되고 그 다음 작 부터는 줄줄이 망할 수도 있으니까요. 첫 작이 잘 됐다고 해서 당장 전업에 뛰어드는 건 별로 추천하지 않습니다.

그런데 아무것도 모르는 신인 때, 첫 작품으로 어느 정도 흥행을 거뒀다는 건 기본 글쓰기 실력과 웹소설 작가로서의 감이 있다는 소리이기도 합니다. 몇 작품 더 도전 후 자신의 가능성이 확인되면 그때 전업을 선택해도 늦지 않습니다. 첫 작이 잘 됐다면 일단은 더 성장하는 것을 노려봅시다. 요약하자면, **첫 작만으로는 전업이 되고 나서 잘될지 점칠 순 없지만 좋은 가능성 중 하나로 파악할 수 있다**, 정도가 되겠네요.

2) 연 수입이 3천만 원 이상이다

프리랜서는 각종 안전망도 없고 노후 대비도 안 되는 데다 세금도 많이 냅니다. 그래서 저는 기준을 연 수입 3천으로 잡습니다. 어차피 전업 작가는 3.3%의 세금을 제외하고 전부 통장으로 입금받기 때문에 세전 연봉을 따지는 게 의미가 없습니다. 실수령 3천. 내가 글로 벌어들이는 수익이 그 선을 넘으면 전업을 고려해봄직 합니다. 실제로 저도 작가가 된 지 2년 차에 연 수입 3천을 넘기고 전업의 가능성을 점쳐보기 시작했습니다. 이게 몇 작품의 합계 수익인지는 중요치 않습니다. 첫 작이면 좀 불안정하지만, 두 번째 작품부터 합산 3천 이상이면 도전해볼 수 있다고 생각합니다. 열 작품의 합산이 3천 이상이면 그때부터 도전하는 거죠. 중요한 건 기성작가가 된 지 몇 년차, 몇 질의 작품을 썼다가 아니라 생계유지가 되느냐, 달마다 밑바닥이 다져진 수준의 수입이 들어오느냐입니다. **그러므로 저는 구체적으로 연 수입 3천만 원 이상 되면 상업적으로 가능성이 있다고 봅니다.**

3) 아직 쓰고 싶은 소재가 많다

이제 한 작품, 혹은 아직 작품 시작도 전인데 '아, 뭐 쓰지…'하는 상태면 전업이 되기 힘듭니다. 쓰고 싶은 이야기가 넘치고 의욕이 팽팽해야 전업으로 달려들 수 있습니다. 하루 이틀 쓸 것도 아니고 몇 년은 써야 하는데, 벌써부터 소재가 고갈인 상태면 곤란하겠죠. 저는 작가가 되길 10년도 넘게 꿈꿨습니다. 단지 그게 웹소설 작가가 아니었을 뿐, 언제든 이야기를 할 준비가 된 상태였습니다. 위의 두 조건을 충족하지 못하더라도, 반드시 하고 싶은 이야기가 있다면 언젠가 작가가 될 수 있다고 믿습니다. 놓지 않고 꾸준히 써서 수익이 안정되면 전업도 도전해볼 만하고요. 작가의 생명이나 다름없는 이야기를 하고 싶은 욕구가 없으면 전업하지 마세요. 단호하게 말씀드립니다.

4) 내가 작품을 쓰는 속도와 내 작품의 수익 현황이 제법 안정적이다

저는 학생 시절 학업과 병행했기 때문에 작품 쓰는 속도가 굉장히 더뎠습니다. 바쁘면 1년에 딱 1종, 좀 여유가 되면 2종 정도로만 작품을 썼어요. 심지어 그 소설들은 대부분 단권에서 두 권짜리였기 때문에 분량도 짧고 가격도 싼 편이었습니다. 그런데도 월 200이상, 연 수입 3천 이상의 수익을 벌어들였기 때문에 전업을 결심할 수 있었습니다. 더 많은 분량의 책을, 더 많은 시간을 할애해서 쓰면 잘 될 수 있으리라 예상한 거죠. 실제로 전업하고 나서 수익은 2배 이상이 되었습니다. 그래서 저는 작품을 잘만 쓰면 굳이 매일 마감하고 완결 내기 무섭게 신작을 시작할 필요는 없는 상황입니다. 지금 바쁘게 원고를 하는 건 순전히 제 의욕과 욕심때문이고, 작품 활동을 전혀 하지 않고 백수로 지내도 연 수입은 3천 이상 들어옵니다. 물론 시간이 지나면 수익이 줄어들 것을 예상하고 있고, 신작을 아예 안 쓸 수는 없지만요. 그래도 어느 정도 여유가 있는 상황입니다.

그렇지만 글을 쓰지 않는 순간 수입이 바로 끊기는 수준이라면 전업을 이야기하기 조금 조심스럽습니다. 본인의 작품이 완결 나고 추가 수익이 거의 없는 경우에는 빨리 신작을 내보여야 할 수도 있겠죠. 연재 당시에 번 수익이 n천만 원인데 단행본으로 나왔을 때 아무도 안 사면 조금 곤란합니다. 단행본으로 런칭 된 달이 보통 수익이 가장 크기 때문에 이후에 추가 수익을 기대하기 어렵다는 뜻이 되거든요. **출간된 지 시간이 한참 지났어도, 추가 프로모션이 없어도 매달 작품별로 50~100만 원 정도 나오는 선이 되면 전업을 준비 해봅시다.**

5) 연금작이 있다

작품의 흥행 여부와는 관계없이, 몇 년이 지나도 계속 잘 팔리는 효성 깊은 작품이 있습니다. 저도 연금처럼 매달 100만 원씩 나오는 작품이 하나 있는데, 그 작품은 그렇게 대박이 난 것도 아니고 스테디셀러 순위에도 들지 못했습니다. 그렇지만 작품 성격이 독보적인 데다 마이너한 소재이지만 매니아층이 꾸준히 유입되기 때문에 출간된 이래로 매달 100만 원 씩 인세를 안겨줍니다. 이런 작품이 한 작품만 있어도 제법 든든한데 둘, 셋이 되면 어떨까요? 만일 지금 연금 수준의 수익을 꾸준히 안겨주는 작품이 있다면 전업을 고려해도 좋습니다. 이런 작품을 쓸 만한 재능이 있다는 것, 이미 안정된 수입이 있다는 것 등 앞서 말한 대부분의 조건을 충족시키는 요건이거든요.

지금까지 한 이야기를 종합해서 간단히 점검 차트로 만들어보면 다음과 같습니다. 이 차트는 어디까지나 참고용일 뿐이며, 재미로 봐 주시길 바랍니다. 결국 결정은 내가 하는 것이고, 내가 하기에 따라 미래는 변합니다. 그러니 부디 신중히 고려 후 꿈을 펼치셨으면 좋겠습니다.

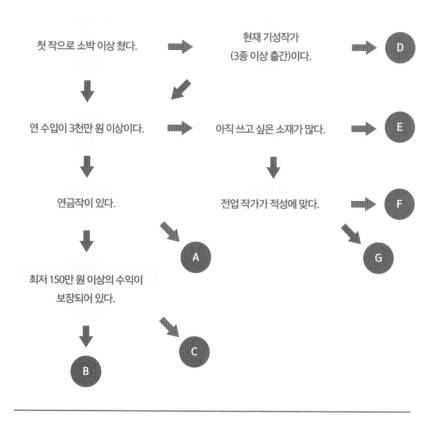

A ··· 고정 수익을 안겨 주는 작품을 한 작품이라도 내고 전업을 고려해 봅시다.

B ··· 나의 연간 생활비와 미래의 작품 활동 계획을 따져보고 결심을 굳힌다면 전업에 도전해도 좋을 듯 합니다.

C ··· 150만 원 보다 더 적은 수익이 보장되어 있어도 원한다면 전업에 도전할 수 있습니다. 그렇지만 이왕이면 조금 더 안정된 다음 도전하는 것도 고려해봅시다.

D ··· 더 많은 작품을 써 보고 경력을 쌓은 뒤 전업에 도전해 봅시다.

E ··· 웹소설 작가로서의 의지가 얼마나 되는지 다시 점검해봅시다. 정말로 더 쓰고 싶은 이야기가 있는지도요.

F ··· 이런 경우 그냥 겸업 작가 생활을 유지하면서 계속 작품 활동을 하는 게 좋습니다.

G ··· 일단 출간 종 수를 늘리고, 인지도를 높이며 수익을 쌓아가는 과정이 필요합니다. 전업은 그 이후입니다.

> **시장이 레드 오션이라던데, 신인 작가가 전업 작가가 될 수 있는 문은 점점 좁아지고 있지 않나요?**

그래도 될 사람은 됩니다. 레드 오션인것도 맞고, 무료 연재처가 예전만큼 강세가 아닌 것도 맞지만 구멍은 있습니다. 뛰어들기 힘든 시장인 것도 사실이기 때문에 어중간한 재능이나 센스를 가지고 있다면 전업 작가가 되는 건 추천하지 않습니다. 그럼에도 불구하고, 진짜 재능이 넘치는 사람은 항상 존재하기 때문에 전업 작가가 되는 것 자체를 부정하지도 않습니다. 중요한 건 내가 될 사람인지 아닌지 판단하는 거겠죠. 결론만 이야기하자면 신인 작가가 힘든 것도 사실이고, 전업을 할 수 있을 만큼 성장할 수 있는 것도 사실입니다. 의외로 레드 오션인 것과 성공한 전업이 되는 것은 상관관계가 약합니다. 예전엔 되기 쉬웠는데 요즘은 아니다, 이런 건 통하지 않는 말이라고 생각합니다. 전업 작가가 되는 건 원래 어려웠습니다.

> **기성 작가도 힘든 시장이라고들 하던데, 전업 작가로 살아가도 괜찮을까요?**

인터넷에서 작가들이 모인 커뮤니티에 가면 언제나 곡소리가 납니다. 모두가 힘들어요. 근데, 어느 직종이 모인 커뮤니티를 가도 곡소리가 납니다. 그냥 다 힘들대요. 이쯤 되면 사는 게 힘들다고 봐야 하지 않을까? 하고 생각 중입니다. 그리고 사람들은 원래 잘 된 사람을 시샘하고 비방하고 소문을 퍼다 나르기 마련입니다. 그러다 보니 진짜 잘된 사람들은 자신이 잘 된 것을 밝히기 꺼리는 경향이 있습니다. 결과적으로 잘 된 사람은 별로 말이 없고, 힘들다고 하는 글만 많이 올라와서 더 험한 시장처럼 보이는 것일 수도 있습니다.

기성 작가 입장에서, 몇 년 글을 쓴 입장에서 말하자면 시장이 전보다 더 빡빡해진 것은 맞습니다. 실제로 연재처의 정책이나 환경이 많이 변하기도 했고, 예전만큼 무료 연재처의 반응이 활발하지도 않아요. 작가가 되는 것 자체는 웹소설이 잘 된다는 말을 듣고 출판사가 늘어서 쉬워진 감이 없지 않아 있는데, **작품을 내는 행위 자체가 수익을 보장해주는 건 아니니까요. 오히려 시작에 불과하죠.** 그렇지만 꿈도 희망도 미래도 없는 시장까진 아니라고 생각합니다. 시장은 계속 커지고 있는 추세이기도 하고요. 전보다 작가 유입이 늘어 경쟁이 심화 되었을 뿐입니다. 한창 시장이 커지는 과도기라고 봅니다.

전업하면 건강을 잃는다는데 진짜인가요?

웹소설 이외에도 많은 분야의 작가들이 동시다발적으로 '건강 파괴'를 외칩니다. 이건 진짜입니다. 그래서 오래 작가 생활을 하기 위해서는 운동을 꼭! 하셔야 합니다. 평소 장비를 살 때도 인체공학적인 걸 사고, 병원비에도 돈 아끼지 말아야 하고요. 종일 컴퓨터 앞에 붙어 있는데 몸이 성하면 그게 더 이상한 일이라고 생각합니다. 그런데 전업 작가라는 직군이 유달리 더 건강 악화에 취약한지는 잘 모르겠습니다. 사실 컴퓨터 앞에서 계속 앉아 있는 다른 직종도 얼추 유사할 거라고 봅니다. 단지 전업은 업무 환경이 자유롭다보니 더 나태해지고 건강 관리에 소홀해지는 게 흠일 뿐이죠.

작가뿐만 아니라 프리랜서 직군 자체가 본인이 알아서 사업 관리부터 건강 관리까지 모든 걸 준비해야 하기 때문에 꽤 바쁩니다. 지금 당장은 수익이 들어와도 당장 내일 어떻게 될지 모르는 직군이기 때문에 한 번 일을 받게 되면 쉬지 않고 일을 받는 경향이 있습니다. 그러다 보니 건강을 쉽게 망치게 되고, 생활 패턴도 점점 밤을 새는 일이 잦아지는 등, 자기 관리를 소홀히 하게 되는 측면이 있다고 봅니다.

어떻게 웹소설을 쓸 것인가도 중요하지만, 더 중요한 건
웹소설 작가로 살아가는 나 자신입니다.

나는 작가로서의 삶에 대해 얼마나 생각하고 있나요?

윤택한 작가의 삶

윤택한 작가의 삶

"

자기 관리는 개인의 의지력도 중요하지만, 주변 환경을 개선하거나 장비에 돈을 투자해서 어느 정도 보완할 수 있습니다. 우리는 왜 돈을 많이 벌고 싶어하나요? 고생을 덜 하기 위해서가 아닐까요? 돈으로 잃어버린 건강은 살 수 없지만 건강을 잃지 않게끔 관리하는 건 가능합니다. 이번 장에서는 윤택한 작가의 삶에 도움이 되는 장비, 건강 관리법 등을 짧게 소개하도록 하겠습니다.

 ## 01 장비

　무언가 새로운 분야에 도전할 때 장비를 제대로 갖추고 뛰어들어야 직성이 풀리는 사람이 있고, 그냥 맨몸으로 뛰어들다가 그 분야에 정착하고 싶으면 장비를 갖추기 시작하는 사람이 있습니다. 저는 후자에 해당하는 사람이고, 처음 글쓰기를 시작할 때는 노트나 전자사전에 글을 쓰곤 했습니다. 데뷔할 때만 해도 작은 노트북으로 글을 썼고, 지금의 작업 환경을 마련하게 된 건 얼마 안 된 일입니다. 긴 세월을 거쳐오는 동안 여러가지 장비를 사용하면서 이걸 사야하나 말아야 하나 고민했던 적이 꽤 됩니다. 이번 파트는 이 글을 읽는 여러분들이 장비를 장만하기에 앞서, 고민하는 시간을 줄이는 데 보탬이 되고자 적게 되었습니다. 글을 쓰는 데 마련하면 유용한 장비를 소개할 예정인데, 개인의 집필 성향과 예산, 활용도 등을 고려해 구매에 참고하면 되겠습니다.

1) 컴퓨터와 태블릿

 '글쓰기 용으로만 살 건데 컴퓨터는 좋은 걸 사야할까요?' 혹은 '노트북은 어떤 걸 사야할까요?'는 흔하게 접할 수 있는 질문입니다. 컴퓨터는 예산에 따라, 그리고 주로 사용할 용도에 따라 견적이 천차만별인데, 데스크탑을 사용하게 되면 조립 컴퓨터도 많이들 사용하기 때문에 특정 모델을 추천하진 않습니다. 하지만 다음과 같은 질문에는 어느 정도 답을 드릴 수 있을 듯합니다.

·· **Q&A** ··

데스크탑을 사야할까요? 노트북을 사야 할까요?

여건만 된다면 데스크탑을 추천합니다. 일단 노트북보다 더 성능 좋은 컴퓨터를 상대적으로 저렴한 가격에 구비할 수 있고, 데스크탑은 모니터를 두고 작업하기 때문입니다. 노트북 거치대를 사용한다 해도 노트북을 사용하면 저절로 목을 기울이고 화면을 들여다보는 자세를 취하게 될 수밖에 없습니다. 장기간 작업하게 되면 반드시 목과 허리, 손목에 부담이 됩니다.

만일 외부에서 이동하면서 작업하시는 분이라면 노트북을 고려해볼수도 있겠지만, PC를 놓을 수 있는 주거 환경이 뒷받침되고 더불어 집이나 작업실 밖으로 잘 나가지 않는다면 무조건 데스크탑을 추천합니다. 노트북을 사겠다면 노트북에 모니터를 연결하고 키보드도 연결해서 데스크탑처럼 쓰는 방법도 있습니다.

노트북 대신 태블릿은 어떤가요? 활용도가 높은가요?

종합적인 용도(인터넷 서치, 문서 작업, 게임 등)로 사용할 예정이면 아직까지 태블릿은 노트북을 대체할 수 없습니다. 오직 글 쓰는 용으로 구매할 거라면 기동성 면에서 태블릿도 괜찮은 선택지라고 생각합니다. 저는 보급형 아이패드를 40만원대에 사서 사용했는데, 노트북보다 가볍고 들고 다니기 좋아 이동이 잦을 때 아이패드를 주로 활용했습니다. 보급형은 그렇게 비싸지 않기 때문에 데스크탑 + 패드 조합도 나쁘지 않다고 봅니다. 특히 패드에서 사용할 수 있는 특정 어플(아이패드의 경우 스크리브너)들은 패드에서 작성하면 바로 동기화 돼서 PC에서 이어서 작업할 수 있습니다. 패드가 유튜브 보는 기계로 전락한다는 말이 많은데, 저는 패드로 50만자 이상 썼습니다. 쓰기 나름이라고 생각합니다.

2) 모니터

27인치 이상을 추천합니다. 큰 화면으로 놓고 작업하는 게 자세에도 좋고 시각적으로 덜 답답합니다. 듀얼 모니터를 설치한다면 버티컬이 지원되는 게 좋습니다. 자리를 덜 차지할 뿐만 아니라 모바일 환경과 비슷하게 만든 다음 퇴고할 때 유용합니다. 단, 듀얼모니터를 사용하다 보면 자세가 틀어져 목디스크 증상이 생길 수 있습니다. 사용 시 주의가 필요합니다.

또한, 모니터를 놓고 작업 할 거라면 모니터 받침대를 사는 게 좋습니다. 혹은 모니터암을 설치하는 것을 권장합니다. 모니터의 위치가 너무 낮으면 목에 부담을 줄 확률이 높습니다.

3) 키보드

글 쓰는 시간이 늘어나면 자연히 키보드 고민이 따라올 수밖에 없다고 생각합니다. 저도 처음에는 키보드를 따로 구매하지 않고 노트북으로 글을 썼었습니다. 그런데 그때부터 손목이 슬슬 안 좋아지기 시작하더니, 결국 걷잡을 수 없이 손목 건강이 악화되고 경미한 디스크 증상이 발생하기도 했습니다. 때문에 글을 오래 쓰려면 키보드에는 돈을 투자하는 게 좋습니다. 단, 키보드는 확실히 기호가 갈리는 영역이므로, 키보드를 고를 때는 아래와 같은 특징을 고려한 다음 구매하는 것을 추천합니다.

TIP

키보드 고르는 요령

키압

35g 밑으로 사는 걸 추천합니다. 키압이 낮을수록 손가락이 덜 아픕니다.

키보드 축

소음은 저소음 적축이 덜합니다. 키보드 축은 취향이므로 다른 축을 사용해도 상관 없습니다.

팜레스트

사용한다면 나무로 된 딱딱한 것이 좋습니다. 기계식 키보드들은 키보드가 높은 경우가 많아, 손목을 보호하려면 필수라고 생각합니다. 원목으로 된 걸 사세요.

그 외

블루투스 지원 여부, LED, 텐키리스 등 이외의 옵션은 개인의 취향껏 선택하면 됩니다.

추천하는 키보드

35g 이하의 무접점 키보드(모델이 다양합니다), 마이크로소프트 어고노믹 인체공학 키보드(키 배열에 조금 적응하는 시간이 걸릴 수 있습니다), 리얼포스(다 좋은데 가격이 비쌉니다) 등.

제가 사용하는 키보드 두 종류입니다.

저는 콕스 엔데버 35g과 마이크로소프트 어고노믹 키보드를 병행해서 사용하고 있습니다. 게임이나 인터넷 서핑 등은 기계식 키보드로, 글 작업은 인체공학 키보드로 사용하는 편입니다. 기계식 키보드는 키캡을 분리해서 닦을 수 있어 청소가 용이합니다. 내구도가 튼튼해서 오래 쓰기도 좋습니다. 인체공학 키보드는 손목 통증을 획기적으로 줄여주지만 멤브레인 방식이라 키캡을 분리해서 청소할 수 없습니다. 또한 자체적으로 팜레스트가 달려 있지만 역시 청소를 할 수 없어 제법 손때가 묻는 편입니다.

모든 키보드는 각각의 장단점이 있습니다. 아울러 아무리 좋은 키보드를 쓰더라도 작업량이 많아지면 손목의 신경이 눌릴 수 있기 때문에 적당한 운동과 마사지, 그리고 휴식은 필수입니다.

4) 의자

의자에도 최소 15만원 이상 투자하는 게 좋습니다. 평소 생활할 때 의자 위에서 가장 많은 시간을 보내게 될 테니, 거액을 투자해도 합리적인 투자라고 생각합니다. 개인마다 신장이 다르기 때문에 의자를 선택할 때 직접 매장에 가서 앉아보는 게 가장 좋긴 하지만, 여건이 되지 않는다면 '수험생용 의자'로 검색해서 마음에 드는 의자를 사면 좋습니다. 조금 돈을 투자할 여유가 된다면 허먼밀러 시리즈도 추천합니다.(단, 가격이 100만 원이 넘는 고가의 의자이기 때문에 무리해서 장만할 필요는 없습니다)

5) 방석

오래 앉으면 엉덩이가 배기고 허리 쪽 근육이 뭉치다 못해 신경 협착이 발생할 수 있습니다. 의자에 방석을 깔아두는 것을 추천합니다. 오래 앉아 있어도 엉덩이 건강을 지켜주는 방석에는 퍼플 방석, 혹은 밸런스온 시트가 있습니다. 그물 젤리처럼 생긴 방석이며, 무게를 분산시켜준다는 특징이 있습니다. 제법 비싸지만 충분히 그 값을 하는 물건이라고 생각합니다.

6) 발받침

책상 앞에 앉아 일하면 자세가 틀어지는 경우가 잦습니다. 다리를 꼬거나, 한쪽 다리를 의자 위에 올리거나, 아예 의자 위에 다리를 전부 올려두는 등의 자세는 모두 허리 건강에 좋지 않은 자세들입니다. 자세를 바르게 하려면 틈틈이 스트레칭을 해주고 운동을 해서 근육을 키우는 게 최선이지만, 의식적으로 나쁜 자세를 피하는 것도 중요합니다. 허리와 다리 건강을 위해 발받침을 놓는 것을 추천합니다. 저는 듀오백 2단 발받침을 쓰고 있습니다.

7) 블루라이트 차단 안경

어떤 기기를 사용하든, 오랜 시간 모니터를 들여다보면 눈이 건조해지고 피곤해질 수밖에 없습니다. 이럴 때 블루라이트 차단용 안경을 하나 장만해서 작업하는 동안 쓰고 있으면 눈의 피로도가 현저히 감소하는 것을 체감할 수 있습니다. 의식적으로 눈을 자주 깜빡여주면 되지만, 근본적으로 오랜 시간 작업을 해야 한다는 사실은 변치 않기 때문에 눈 보호용으로 하나 장만하는 게 장기적인 관점에서 봤을 때 유리합니다. 당장 블루라이트 차단 안경을 구매하기가 여의치 않다면, 인터넷에서 블루라이트를 줄여주는 프로그램인 f.lux[1]를 다운받아보시기 바랍니다. 이 프로그램만 사용해도 눈 시림이 조금 줄어듭니다.

8) 스크리브너

앞에서도 스크리브너의 무한한 활용성을 보여드렸습니다. 윈도우/맥/아이패드 용으로 각각 따로 구매해야하지만 여러 OS를 사용하는 사람이라면 개별 구매할 가치가 있는 프로그램입니다. 저는 글쓰기 작업 전반은 스크리브너로 처리합니다.

9) 한글과컴퓨터

출판사와 주고받는 원고는 주로 한글 포맷인 경우가 많습니다. 그래서 저는 스크리브너에서 초고를 작성한 다음 한글에 붙여넣어 원고를 보냅니다. 이후 교열도 한글 파일로 들어오기 때문에 한글 정품 결제는 반 강제되는 느낌이 없지 않습니다. 제 경우에도 주 작업 프로그램은 아니지만 사용할 일이 많아 구매했습니다.

---

1 justgetflux.com

글을 쓰려면 이 모든 도구를 구매해야 할까요? 꼭 그런 건 아닙니다. 저 또한 처음부터 모든 장비를 갖추고 작업을 시작한 건 아니었고, 작업 기간이 길어지다 보니 차츰 불편을 느껴 하나씩 장비를 마련해 간 것이니까요. 게다가 앞서 소개한 장비보다 더 좋은 장비가 있거나 상황에 따라 장비가 필요하지 않다면 굳이 살 필요가 없기도 하고요. 금전적 여유가 될 때 조금씩 투자해준다는 느낌으로 장비를 장만하는 게 좋습니다.

장비 파트를 읽으셨다면 눈치채셨을지도 모르겠지만, 좋은 장비를 쓰는 이유는 단 하나입니다. 오래오래 작업하기 위해, 최대한 건강을 지키려고 장비와 각종 보조 도구의 도움을 받는 것이지요. 글 쓰기는 오로지 내 몸 하나로 해내는 일이기 때문에 몸이 곧 재산입니다. 아프면 글도 못 쓰고 병원비는 나가고 끊임없이 재활해야 합니다. 때문에 건강 관리의 중요성은 아무리 강조해도 모자라지 않습니다.

📝02 건강 관리

건강 관리에 관해 말하자면 끝도 없겠지만, 작가들이 걸릴 수 있는 직업병 위주로 관리법을 다루도록 하겠습니다.

1) 운동 하기

이게 무슨 '부자가 어떻게 되나요? 답: 돈을 많이 버세요.' 같은 조언인걸까요? 하지만 건강의 기본은 운동입니다. 대부분 앉아서 컴퓨터 앞에서만 생활하다 보니 작가들의 몸은 한없이 허약합니다. 유리몸이라고 해도 과언이 아닐 정도로요. 계단을 조금만 올라도 숨이 차거나 20분 이상 걷고 실내에 들어왔을 때 힘이 빠진다면, 운동부족이 심각해서 당장 운동을 하지 않으면 안되는 상태까지 간 겁니다. 나이가 젊다면 어느 정도 버티겠지만 그것도 얼마 지나지 않아 각종 병에 시달리게 되겠죠. 때문에 반드시 운동을 해야 합니다.

'무슨 운동을 해야하나요?'같은 질문에는 답을 해드릴 수 없습니다. 개인마다 적성도 다른데다, 특정 부위에 부상을 입은 이력이 있기라도 하면 아무 운동이나 추천할 수 없기 때문입니다. 하지만 일주일에 최소 3번~4번 정도 1시간 이상 유산소 운동과 근력 운동을 해주는 게 좋습니다. 작가들은 앉아 있느라고 허리 건강이 정말 말도 안 되는 수준까지 나빠지기 쉬우므로, 당장 운동 센터에 가서 등록하는 게 여의치 않다면 걷기라도 해야합니다. 디스크가 터지면 재활하는데 시간도 많이 걸리고 돈도 많이 들어갑니다. 하루 일과에 운동을 꼭 집어 넣으세요. 솔직히 말하자면, 원고는 걸러도 운동은 해야한다고 말씀드리고 싶습니다. 오늘 한 발자국 후퇴한 건강을 회복하는데는 며칠이 걸릴지 모르지만, 오늘 못 쓴 원고는 일주일동안 매일 1천자씩 더 쓰면 해결 할 수 있으니까요.

2) 병원 가기

이건 또 무슨 당연한 소리인가 싶겠지만…. 의외로 조금 아프면 약국에서 약을 사다먹고 마는 경우가 비일비재한데, 제때 건강검진을 받고 각종 질병을 관리하시길 바랍니다. 눈 건강, 위장 건강, 치아 건강, 손목, 허리 건강 등등. 1년에 스케일링은 1회 보험처리 되고 2년마다 한 번씩 국가에서 무료로 건강검진을 받을 수 있습니다. 만성적인 질병을 가지고 있다면 작가 생활을 하기 전에 고치는 것을 추천합니다. 작가 생활을 오래 하다보면 건강이 나빠질 확률이 반대로 건강을 회복할 확률에 비해 압도적으로 높습니다.

3) 마사지 받기

이미 운동이나 병원으로 건강을 다지기 전에 몸이 망가진 경우가 있습니다. 겸업 작가든, 전업 작가든 계속 앉아 있어야 하는 집필 작업은 결코 만만치 않습니다. 각종 디스크와 통증은 작가의 주적입니다. 운동량이 부족해서 근육이 퇴화하고 작업 시 자세가 좋지 못한 게 원인이지만, 당장 일은 해야 하고 운동할 상황이 여의치 않다면 돈으로라도 응급처치를 해야죠.

한국에서 안마사는 시각장애인만 할 수 있는 직업입니다. 국가공인인 만큼 전문 기관에서 몸을 풀어주는 방법을 제대로 배운 분들이기 때문에 불법 마사지 샵에 가는 것보다 공인 안마사를 찾아가는 게 훨씬 낫습니다. 〈우리 동네 안마원 찾기〉[2]에서 전국에 등록된 안마원을 찾을 수 있으니, 집 근처에 국가 공인 안마원이 있다면 주기적으로 방문하는 것도 생각해볼 만한 일입니다. 가격이 부담될 수 있지만 몸은 한 번 망가지면 다시 고치기 어려운 데다 이미 몸이 망가졌으면 더 망가지지 않게 신경써야 합니다. 통증을 방치하다가 척추 수술을 하면 몇천만 원을 쏟아붓고 집필도 못하는 상황에 처하게 될 수도 있습니다. 고생하면서 일한 나를 위해 한 달에 한 번은 잠깐 쉬어가는 시간을 갖는 것도 나쁘지 않다고 봅니다.

4) 휴식 하기 / 무리하지 않기

당연한 소리를 또? 라고 하기도 지치셨겠죠. 하지만 의외로 적당한 휴식을 취하는 것 조차 제대로 이루어지지 않을 때가 많습니다. 겸업 작가라면 주중에 퇴근하고, 혹은 주말에 글을 쓰면서 쉬는 시간 없이 일하게 되고, 전업이라면 지금 계약이 끝나고 언제 또 새 일이 들어올지 모르니 무리해서 여러 종 계약을 하거나 쓰고 있는 글에 매진하게 됩니다. 어느새 자기도 모르는 사이 원고 깎는 기계처럼 글에 매달리게 되는 건 한순간입니다.

저는 개인적으로 쉬는 날을 반드시 정해놓고 있으며, 그 시간에는 절대 글을 쓰지 않습니다. 적당히 취미도 즐기고 쉬는 날을 가져야 정신적으로 환기도 되고 새로운 아이디어와 글 쓸 의욕도 생깁니다. 조금이라도 지친다 싶으면, 번아웃이 오는 것 같으면 쉬는 것을 주저하지 마세요. 창작 활동을 하는 것도 좋지만 몸과 정신이 고갈되지 않게 하기 위해서 휴식은 반드시 필요한 과정입니다.

---

2 우리 동네 안마원 찾기(http://www.anmawon.com/FindShop/List)

인터넷에 '하루에 몇 자 써요?'라는 게시글에 우후죽순 경쟁적으로 달리는 하루 작업량, 혹은 전업 작가라면 n자는 써야한다 등의 글을 보고 전혀 조급해 할 필요 없습니다. 하루에 1.5만 자를 쓰다가 급격히 건강이 안 좋아지는 것 보다는 하루에 5천자만 쓰고 쉬거나 제때 재충전을 해주는 것이 낫습니다. 저도 하루에 7시간 동안 3만 자를 써본 적이 있습니다. 화장실도 거의 안 가고 그렇게 글을 썼는데, 다음날 온몸을 얻어맞은 것처럼 아프더라고요. 이후 글 쓰는 양을 절반인 1.5만 자까지 줄였지만, 만성적인 근육통과 디스크 증세에 시달리게 되면서 병원을 다니게 됐습니다. 병원에선 '쉴 것, 가급적 일하지 말 것'을 권하는데 그게 마음처럼 되지않죠. 그래도 지금은 하루에 1만 자 이상은 글을 쓰지 않으려고 하고 있습니다. 많이 쓰고 빨리 쓰는 게 능사는 아닙니다. 몸을 갈아 넣어서 글을 쓰지 마세요. 우리 몸은 글을 쓰기 위한 장작이 아니며, 우리가 글을 쓰는 궁극적인 이유는 행복해지기 위해서니까요.

03 정신 건강 관리

정신 건강 관리 파트를 건강과 따로 뺀 이유는, 작가는 멘탈 관리가 정말 중요한 직업군이라고 생각하기 때문입니다. 혼자 앉아서 글을 쓰기만 하면 끝이 아닙니다. 오히려 글을 쓰는 건 시작 중의 시작입니다. 글을 쓰다 보면 자연히 상업성에 관한 고민부터 시작해서 악플 고민, 글이 안 써지는 데 글을 써야 할 때의 압박감, 소재 고갈 등 온갖 정신적 고뇌를 겪을 수밖에 없습니다. 지금부터는 멘탈 케어하는 방법을 짤막하게 소개해볼까 합니다.

1) 상업성에 대한 좌절감을 느낄 때

글을 쓰다 보면 다음과 같은 고민이 찾아오곤 합니다.

1년간 글을 열심히 썼습니다. 안 팔렸어요. 처참해요. 선인세는커녕, 출판사에서 투입한 인건비도 안 나오게 생겼습니다. 혹은, 신인입니다. 글을 올렸어요. 아무도 안 봐요. 데뷔도 못 할 것 같아요. 나는 글 쓰는데 재능이 없는 걸까요?

굳이 큰 성공을 바라지 않더라도 나의 창작물이 돈을 벌어다주길 바라는 건 당연한 마음입니다. 취미로 즐겁게 쓸 수도 있지만, 내가 아무리 열심히 해도 내 작품이 금전적 가치가 하나도 없다고 입증당하는 기분이 들면 금방 우울해집니다. 완결 내고 결과가 처참하면 차기작을 준비하기 두렵고, 연재 중인데 반응이 없으면 글을 끝까지 끌어가기 힘들죠.

냉정히 말하자면 그래도 써야합니다. 완결하지 않고 글을 쓰거나 몇 권 내기도 전에 절필하면 그 다음은 영원히 오지 않아요. 내 손끝에서 탄생한 대박작품을 아직 만나보지 못 했는데 정말 그만 둘 건가요? 글은 하루 이틀 써서 되는 게 아닙니다. 완결 내는 것 자체도 오래 걸리는 데다, 내 실력이 성숙하려면 시간을 들이는 수밖에 없습니다.

그러니 조급해하지 말고 이럴 땐 잠깐 쉬어갑시다. 완결 전이면 빠르게 완결을 내고, 단행본까지 출간했으면 차기작을 쓰기 전에 재충전하는 시간을 가져야합니다. 좋아하는 것들을 즐기고, 잠시 글에서 멀어진 삶을 살다보면 문득 다시 글을 쓰고 싶어지는 때가 옵니다. 그러면 그때 다시 도전하면 됩니다. 어느 날 갑자기 대박이 나는 기적적인 일은 불가능한 건 아니지만 나에게 찾아올 확률 또한 낮습니다. 그래도 내가 대박작을 쓰는 것, 혹은 글로 유의미한 수익을 벌어들이는 게 적어도 로또를 사는 것보단 확률이 높지 않을까요? 우선은 지친 마음을 달래주는 시간을 꼭 가집시다.

그리고 조금 마음이 바로 섰다면, 패착 요인을 분석하고 재밌는 웹소설 여러 권을 읽읍시다. 책을 많이 읽어야 해요. 내 작품이 너무 좋은데 안 팔리기보단, 분명 팔리지 않게 만드는 요소가 소설 어딘가에 있을 겁니다. 그것이 전개 방식이든, 필력이든, 이야기의 구조이든 간에요. 나의 약점을 제대로 마주할 용기가 필요합니다. 용기 있는 자만이 고난을 극복하고 성장할 수 있다는 건 괜히 영웅 서사의 클리셰가 아닙니다.

2) 타 작가와 비교 / 질투심이 들 때

비교하는 게 소용 없다는 걸 알면서도 다른 작가와 비교를 안 하기가 더 어려운 시장입니다. 당장 플랫폼에만 들어가도 별점 수, 같이 보기 수, 판매지수, 랭킹 등 온갖 '숫자'들이 따라붙으면서 순위를 가시적으로 보여줍니다.

그렇지만 다른 작가가 잘되는 건 나랑 어떠한 상관도 없습니다. 오히려 좋아해야 할 일입니다. 그게 돈이 된다는 걸 누군가가 보여줬기 때문에 시장이 커질 거란 뜻입니다. 하지만 사람 마음이 그렇게 쉽게 변할 수 있다면 이러지 않았겠죠.

단호하게 말씀드립니다. **본인이 타 작가와 비교하는 게 심하다고 생각된다면 작가 커뮤니티는 하지 마세요. SNS도 하지 마세요.** 누구나 저마다 고민도 있고, 힘든 때도 있지만 SNS든 커뮤니티든 온라인에서는 진짜 힘든 이야기는 잘 안 합니다. 보이는 게 전부가 아닌데 불안할수록 커뮤니티나 교류에 매달리기 쉽습니다. 혹은 우울한 사람들끼리 모여서 우울한 분위기를 형성하기도 하고요. 힘든 사람들끼리 위안을 주고받을 수도 있지만, 다른 작가랑 비교하는 마음을 품고 있다면 건강한 관계가 성립될 리 없습니다. 교류하지 말고 인터넷 플랫폼도 보지 말고 쉬다 오세요.

왜 이렇게까지 말하냐면, 작가가 옹졸한 마음이든 뱀심이든 악의든, 부정적인 감정을 속에 품고 있으면 그게 글에서 티가 납니다. 나는 잘 모르는데 단어 사이사이로, 문장마다 나의 감정 상태와 부정적인 사고방식이 녹아납니다.

어떻게 그렇게 되냐고요? 작중엔 무수한 캐릭터가 등장합니다. 내가 무의식적으로 사용하는 경솔한 언행이 캐릭터의 입을 통해 드러나요. 나도 모르는 사이 인물들의 발언은 부정적으로, 날카롭게 변해갑니다. 이런 상태로 글을 쓰면 글의 질도 떨어지고 독자들도 읽기 싫은 글이 됩니다. 그러니 부디 멘탈을 회복하고 돌아오시길 바랍니다.

3) 악플에 대처하는 자세

플랫폼에 소설이 런칭되고 달리는 악플들을 보면 가끔 정신이 아득해질 정도로 선을 넘은 댓글들이 있습니다. 이 사람들은 어떻게 이런 소리를 세상에 내놓을 생각을 하나? 싶을 정도로요. 자기가 소개글을 제대로 읽지 않고서 책을 구매한 뒤 내용 사기당했다고 따지는 건 아주 양반이고, 심하면 작가 절필해라, 중등 교육을 제대로 받지 않았다, 사회 경험을 안 해본 것 같다 등의 원색적인 비난이 줄을 잇습니다.

악플은 당연히 힘듭니다. 그래서 마음이 약한 편이라면, 다른 사람의 말에 크게 영향을 받는 편이라면 연재 중에는 댓글을 읽지 않는 것을 추천드립니다. 연재 중의 실시간 반응을 살피는 게 중요하긴 하지만, 악플에 노출되고 멘탈을 다잡지 못해 글이 휘청거리게 될 바에야 그냥 안 보는 게 낫습니다.

그리고 박한 리뷰가 달리더라도 **'어차피 당신의 커피값은 제 지갑 속으로'** 하면서 넘기세요. 이러니저러니 따져도 어쨌든 수중에 돈이 들어왔습니다. 통장에 찍히는 액수만 봅시다. 쉽지 않지만 한 번 그렇게 생각하기 시작하면 점점 무뎌집니다. 저는 이제 악플이 달려도 그냥 밥 먹고잊어버립니다. 누가 지금까지 받은 악플 중 가장 상처받은 게 뭐냐고 물어보면 잘 생각도 안 나요. 신경을 안 쓰거든요. 좋은 것만 보고 내 글에 집중할 시간도 부족한데, 거기에 마음 뺏기는 건 정말 시간 낭비 같다고 느낍니다.

결국 악플 문제는 인기 있는 소설을 쓸수록 감내해야 하는 부분이며 피해갈 수 없기도 합니다. 인기가 있을수록 많은 사람들이 본다는 뜻이고, 읽는 사람 숫자에 비례해서 악플도 늘어난다는 뜻이거든요. 참고로 영업 방해에 해당되는 조직적 악플은 고소도 할 수 있습니다. 조직적으로 작정하고 악플을 다는 정황이 포착됐다면 봐주지 말고 고소합시다. 합의금으로 위로 받을 수 있습니다.

4) 불법 텍본

사실 이게 제일 골치 아픈 것 같습니다. 텍본이 안 생기는 건 거의 불가능합니다. 불법 텍본을 만드는 사람들은 지나치게 조직적인 데다, 유명작이든 아니든 무조건 불법으로 공유를 해댑니다. 방법이 거의 없지만 그래도 고소를 하면 가끔씩 합의금을 얻을 수 있다는 게 그나마 작은 위안입니다.

한가지 팁을 드리자면, 소설을 저작권 등록하세요. 걸렸을 경우 처벌이 강해집니다. 합의금의 액수도 높아지고, 심지어 내 소설을 가지고 금전적 이득을 취득한 정황이 발견되면 빠져나갈 수 없습니다. 그리고 직접 고소하러 가는 것도 좋지만 출판사에 대리로 고소를 하는 방법도 있습니다. 글 쓰는데 시간 쓰기도 바쁜데 이런데 시간 쏟아야 하는 게 정말 어이없지만…. 텍본이 가장 활발히 유통되는 건 불행히도 런칭 직후입니다. 단행본 런칭 후 한달 동안 주기적으로 모니터링 해주면 많이 잡힙니다. 절망적인 이야기지만 힘 냅시다.

5) 전문 기관 찾기

마음을 다스리라고 쭉 언급했지만 실은 개인이 혼자 힘으로 할 수 없는 부분이 많습니다. 현실적으로 여건이 안 되기도 하고, 내가 나의 마음을 잘 모르거나 부정적 사고의 흐름을 막기 어려울 때도 있기 때문입니다. 상황에 지속적으로 시달리다보면 정신적으로 치료가 필요한 수준까지 가게 될 수도 있고요. 몸이 조금 아프면 병원에 가는 것처럼 마음이 힘들면 전문 기관에서 케어를 받는 것을 적극 추천드립니다. 약물이 필요하다면 정신과에 내원해서 처방 받을 수도 있고, 약물까진 아니지만 조금 더 근본적으로 천천히 고쳐나가고 싶다면 심리 상담을 받을 수도 있습니다.

병원 가는 게 기록에 남을까봐 안 가고 버티면 병이 깊어집니다. 전문가를 믿읍시다. 나쁜 생활 습관과 사고 습관은 반드시 고치는 것이 좋습니다. 정신과 진료는 의외로 의료보험이 적용돼서 가격도 비싸지 않습니다.

가격이 조금 부담되는 건 심리 상담쪽입니다. 1회에 7~10만원 정도 하는데, 마음의 상처가 깊은 경우 몇 회를 다녀야할지 사전에 가늠할 수 없거든요. 그런데 국가에서는 작가들을 위해 무료로 10회의 상담을 지원해줍니다. 하단의 예술활동증명[3]을 통해 예술인복지재단에서 심리 상담을 신청해보세요. 이미 책을 낸 이력이 있는 작가라면 '예술인'으로 등록하여 국가에서 제공하는 각종 혜택을 누릴 수 있습니다.(아쉽게도 이 부분은 지망생이면 혜택을 받을 수 없습니다) 구체적인 정보는 해당 사이트에서 확인 가능합니다. 심의 결과 예술인 등록에 떨어질 확률도 있는데, 자료를 보충해서 재신청하면 받아줍니다. 저는 심지어 성인 소설로 등록했는데도 통과됐습니다.

예술인에게 지원되는 심리 상담은 12회 무료이며, 지정된 센터에 신청하면 상담사와 일정 조절 후 상담을 시작할 수 있습니다. 단, 지원 예산이 한정되어 있기 때문에 해마다 3월쯤에 새로 신청을 받는 편이고 선착순으로 마감될 수 있습니다. 그리고 국가에서 12회 상담 지원을 받았다면 이후 1년간은 지원 받을 수 없습니다. 나름 경쟁도 치열한데, 비싼 상담을 지원받을 수 있는 기회입니다.(1회에 7만 원이라고 가정하면 약 70만 원 상당의 지원을 받는 셈입니다) 공짜라고 해서 상담의 질이 떨어지는 건 아닙니다. 개인적으로 예술인 지원 무료 상담으로 아주 많은 도움을 받았고, 주변의 창작을 업으로 하는 분들께 꼭 예술인 등록을 하라고 권유하는 편입니다. 그러니, 기회가 된다면, 그리고 상담이 필요하다면 망설이지 말고 전문 기관을 방문합시다.

---

3 한국예술인복지재단에서 예술활동증명을 통해 예술인으로 등록한 뒤, 관련 사업에 지원해보세요. 상담 지원도 이곳에서 받을 수 있습니다.
(https://www.kawfartist.kr/views/cms/hkor/cs/cs01/cs01001.jsp)

맺음말

웹소설 쓰기. 쉽고 재밌어 보이지만 험난한 여정입니다.

이 모든 것을 알고도 소설을 쓰고 싶다는 열망이 꺼지지 않았다면,
혹은 더 의지에 불타올랐다면,

분명 좋은 작가가 될 수 있을 거라고 생각합니다.

웹소설을 써서 성공하는 것, 수익을 내는 것. 물론 중요합니다.
이 책이 쓰인 시작점이기도 하고요.

하지만 그보다 더 중요한 것은, 하나의 이야기를 완결 낸 것만으로도
모든 작가는 충분히 박수를 받을 자격이 있다는 것입니다.
이미 썼던, 혹은 앞으로 쓸 이야기들을 응원하겠습니다.

포기하지 않고 끝까지 이야기를 들려주세요.

책을 읽어주셔서 정말로 감사합니다.

저자 협의
인지 생략

실패 없는 ─────
웹소설 작법서

1판 1쇄 인쇄 2022년 03월 05일   1판 1쇄 발행 2022년 03월 10일
1판 3쇄 인쇄 2024년 06월 25일   1판 3쇄 발행 2024년 06월 30일

─

지 은 이 윤재
발 행 인 이미옥
발 행 처 아이생각
정   가 15,000원
등 록 일 2003년 3월 10일
등록번호 220-90-18139
주   소 (04997) 서울 광진구 능동로 281-1 5층 (군자동 1-4 고려빌딩)
전화번호 (02) 447-3157~8
팩스번호 (02) 447-3159

─

ISBN 978-89-97466-85-6 (13000)
I-22-02

i THINK
아이생각